APOYO AL DUELO: ENFOQUES HOSPITALARIOS, RELIGIOSOS Y SOCIOLÓGICOS

Un abrazo solidario a los que sufren, "porque ellos recibirán consolación".

J.J. Rosario PhD.

2024

Este libro fue editado por:
REDACTRÓNICA
Email: redactronica@gmail.com
© J.J Rosario PhD.
lcnn.pastor@gmail.com
Todos los derechos reservados para el autor.

AGRADECIMIENTOS

Primeramente, debo agradecer a mi Señor y Salvador Jesucristo "porque me tuvo por fiel, poniéndome en el ministerio". Aun cuando mis pocas fuerzas me desviaban en otros propósitos, Él pudo más que mis debilidades y me hizo nacer de nuevo.

A mi amada esposa Elsie Ramos Soto, con quien he navegado por aguas turbulentas por más de tres décadas, y quien siempre ha apoyado los proyectos, ministerios y empresas de Dios en nosotros. Gracias por tu respaldo y, a la vez, tolerancia, al ver mi esfuerzo por alcanzar las estrellas de posibilidades. Gracias por tu amor, por tu abrazo solidario y tu comprensión.

A mis hermanos de la Iglesia Cristiana Nuevo Nacimiento/DFC, por ser "fáciles" de pastorear y proveernos de tanto amor y calidez a mí y a mi esposa. Gracias por entender mis salidas a otros lugares, dejándolos en manos seguras a la hora de ministrar en otras localidades. Ustedes son un motivo mayor de continuar el ministerio, por las gratas satisfacciones que el ministrarles me prodiga.

Gracias a mis superiores en el ministerio del Movimiento Defensores de la Fe Cristiana en Puerto Rico, entre los que menciono al Ministro y Presidente José Antonio (Tony) Hernández, quien ha sido de gran inspiración en mi ministerio. Gracias, Hno. Tony.

Al Pastor Dr. Adrián Rosario Torres, presidente de la Universidad Teológica y Consejería Bíblica de Puerto Rico. "Has sido un gran mentor e inspiración para mi vida. Nunca pensé que pudiera ver realizado este sueño, si no fuera por la oportunidad que me otorgaste de conocer este lado de los "imposibles". ¡A Dios toda la Gloria!

A los estudiantes de la Universidad Teológica y Consejería Bíblica que me dieron el honor de compartir las enseñanzas bíblicas, teológicas y de consejería, durante este tiempo. A todos los egresados de bachillerato, maestría y doctorado: ¡Gracias por este tiempo de calidad educativa que me brindaron! Fueron momentos de mucho reto, pero el Señor nos ayudó hasta llegar a la meta.

A todos los que contribuyeron, de una u otra manera en la realización de este tratado: ¡Gracias! Una y mil veces ¡Gracias!

J.J. Rosario PhD

PRÓLOGO

El duelo es una de las experiencias humanas más universales, un proceso emocional profundamente arraigado en la naturaleza misma de lo que significa amar y perder. A pesar de ser tan común, el duelo sigue siendo un tema envuelto en complejidad y, con frecuencia, incomprendido. Este libro "Apoyo al duelo: Enfoques hospitalarios, religiosos y sociológicos", surge de la necesidad de proporcionar una guía integral que no solo explique las múltiples facetas del duelo, sino que también ofrezca recursos efectivos para quienes lo atraviesan y para aquellos que los acompañan en ese camino.

Históricamente, el manejo del duelo ha estado intrínsecamente ligado a las prácticas culturales y espirituales de cada sociedad. A través de los siglos, las comunidades han desarrollado rituales y costumbres para enfrentar la pérdida, reflejando sus creencias más profundas y su comprensión del mundo. En nuestras sociedades modernas, estos enfoques han evolucionado, integrando conocimientos de la psicología y la medicina para ofrecer un apoyo más completo a los dolientes. Este libro explora cómo la comprensión del duelo ha progresado, desde sus raíces históricas hasta los métodos contemporáneos que combinan el conocimiento científico con la sensibilidad cultural y espiritual.

La obra se basa en modelos teóricos como los de Elizabeth Kübler-Ross y J. William Worden, entre otros, quienes han aportado marcos valiosos para entender las etapas del duelo y las diferentes formas en que se manifiesta. Esos modelos, junto con las enseñanzas bíblicas y las prácticas hospitalarias modernas, proporcionan una base sólida para quienes buscan acompañar a otros en su dolor. El enfoque aquí no es solo teórico, sino también práctico, destacando la importancia del apoyo emocional y espiritual en los momentos más difíciles.

En el contexto hospitalario, por ejemplo, se han desarrollado enfoques específicos para tratar con la muerte y el duelo, reconociendo la necesidad de acompañar no solo al paciente en sus últimos días, sino también a sus seres queridos en el proceso de despedida.
Instituciones como la Clínica Mayo han sido pioneras en la implementación de programas que combinan el cuidado médico con el apoyo psicológico, entendiendo

que la salud mental y emocional es una parte fundamental del bienestar general.

De igual manera, las instituciones religiosas, en particular dentro del enfoque evangélico, continúan desempeñando un rol crucial en el proceso de duelo. A través de la fe y la comunidad, muchas personas encuentran consuelo y esperanza, incluso en los momentos más oscuros. Este libro explora cómo las enseñanzas de la Biblia y otros textos sagrados pueden ofrecer un marco de sentido y apoyo en tiempos de dolor, permitiendo a los dolientes encontrar paz y propósito en medio de la adversidad.

Pero el duelo no ocurre en un vacío: está profundamente influenciado por el entorno social y cultural. Las normas, expectativas y redes de apoyo que existen en una comunidad pueden afectar significativamente la manera en que una persona enfrenta su pérdida. Aquí se analiza cómo el contexto social puede tanto aliviar como intensificar el dolor, subrayando la importancia de una respuesta comunitaria y multidisciplinaria.

Este enfoque integrador es esencial para abordar el duelo de manera efectiva. Al combinar perspectivas hospitalarias, religiosas y sociológicas, se puede ofrecer un apoyo más completo y personalizado. Los profesionales de distintas disciplinas son llamados a trabajar juntos, reconociendo que cada individuo y cada situación es única, y que el apoyo debe ser igualmente variado y flexible.

Asimismo, se subraya la importancia del autocuidado y la ética en quienes brindan apoyo al duelo. Acompañar a alguien en su dolor es una tarea delicada que requiere no solo habilidades y conocimientos, sino también una preparación personal que permita mantener la integridad y la compasión sin caer en el desgaste emocional.

Este libro, ofrece una visión multidimensional del duelo y a través de estas páginas, se busca no solo educar, sino también inspirar a quienes acompañan a otros en su viaje de duelo, recordándoles que, aunque la pérdida es inevitable, el proceso de duelo puede ser una oportunidad para encontrar sentido, conexión y, eventualmente, sanación.

J.J. Rosario PhD

Índice interactivo

AGRADECIMIENTOS 3

PRÓLOGO 5

Estimado lector 11

Capítulo 1 16

Comprensión del duelo 16

Capítulo 2 31

Trasfondo histórico del manejo del duelo 31

Capítulo 3 47

Apoyo desde instituciones hospitalarias 47

Capítulo 4 84

Apoyo de las instituciones religiosas 84

Capítulo 5 109

Apoyo desde la perspectiva sociológica 109

Capítulo 6 152

Integración de recursos multidisciplinarios 152

Capítulo 7 170

Ética y autocuidado en el apoyo al duelo 170

Capítulo 8 181

El valor del entrenamiento en el manejo del duelo ...181

Reflexiones y consideraciones especiales sobre el apoyo al duelo en enfoques hospitalarios, sociológicos y religiosos 192

Conclusiones 199

Bibliografía 206

Artículos y publicaciones académicas 208

Recursos de capacitación y organizaciones 210

Recursos en línea y plataformas de aprendizaje...212

Apéndices 213

Apéndice A: Recursos de capacitación y educación continua 214

Apéndice B: Ejercicios y técnicas prácticas para el manejo del duelo 217

Sobre el autor 222

Estimado lector

"Yo sigo el camino de todos en la tierra..." (1 Reyes 2:2) Esta fue la expresión de un rey que marcó lo que se conoce como "la era dorada" en la monarquía de su pueblo. Ese rey fue David, y ese pueblo, Israel. Al final de sus días, ya anciano, y en su lecho de muerte, David, el Rey, le expresa a su hijo Salomón esta realidad incontrovertible: "Todos vamos a morir". Esto no solo es una verdad poderosa, sino que también lo es el efecto que nuestra partida habrá de producir en nuestros más allegados: esposa, esposo, hijos, nietos, etcétera.

De ahí que, durante cientos de años, el ser humano se ha interesado en manejar esa pérdida, afrontar el duelo, desarrollar acompañamiento y buscar medios de asistencia emocional y, de ese modo, superar la pena. El duelo es una experiencia universal, inevitable y profundamente personal. A lo largo de la vida, todos nos enfrentamos a la pérdida de seres queridos, y cada individuo reacciona y maneja el duelo de manera diferente.

La naturaleza del duelo, muy estudiada y atendida por la **Tanatología**, puede variar dependiendo de múltiples factores, incluidos los contextos culturales, religiosos y sociales, así como las circunstancias de la pérdida. Aunque el duelo es una parte natural de la vida, el apoyo adecuado puede marcar una diferencia significativa en cómo las personas atraviesan este proceso doloroso.

El objetivo de este libro es explorar las diversas formas en que las instituciones hospitalarias, de base de fe y sociológicas abordan el apoyo al duelo. Al proporcionar una comprensión integral de estos enfoques, y reconociendo que, sin estos esfuerzos combinados, la labor resulta trunca, débil e insuficiente, esperamos ofrecer herramientas prácticas y reflexiones que puedan ser útiles para profesionales de la salud, líderes religiosos, trabajadores sociales y cualquier persona que esté en una posición de apoyar a alguien en duelo.

Tener en las manos recursos como este representa contar con herramientas prácticas para ofrecer respuestas y apoyo de afrontamiento más eficaces en el manejo del duelo. Las diversas instituciones concernidas, que presumen del compromiso que tienen en la asistencia y acompañamiento, reconocerán como deseables las estrategias que en el presente libro se ofrecen, las que ofrecemos desde una postura de colaboración y empatía.

Propósito del libro

Este libro no pretende ofrecer una solución única para todas las manifestaciones del duelo, sino más bien un compendio de estrategias y prácticas que han demostrado ser efectivas en diferentes contextos. Dentro del espectro de funciones que se requieren en el manejo del duelo, se debe reconocer el compromiso y valentía de aquellos servidores que desde "la trinchera de lucha", han hecho de sus ejecutorias más que una labor social, un "ministerio sanador".

A través de estudios de caso, análisis teóricos y ejemplos prácticos, exploraremos cómo los hospitales, las organizaciones religiosas y las comunidades sociológicas abordan el apoyo al duelo. Veremos como las diversas organizaciones establecen e implementan protocolos para el mejor manejo del duelo. No obstante, las estrategias y estudios aquí presentados jamás representan todo el esfuerzo que se requiere en este sentido, sino solo una aportación limitada desde estas perspectivas.

En esta intención, nuestro propósito es triple:

1. **Educar.** Proporcionar a los lectores una comprensión profunda de las diferentes perspectivas y enfoques para el apoyo al duelo.

2. **Inspirar.** Ofrecer ejemplos y estudios de caso que ilustren cómo diferentes estrategias pueden ser implementadas efectivamente.

3. **Empoderar.** Dotar a los lectores de herramientas prácticas y conocimientos que puedan aplicar en sus propios contextos para apoyar a los dolientes.

Invitación a la reflexión

El duelo es un viaje personal y único, pero no tiene que ser recorrido en soledad. Este libro invita a los lectores a reflexionar sobre sus propias experiencias con el duelo y a considerar cómo pueden contribuir a crear un entorno más compasivo y de apoyo para aquellos que enfrentan pérdidas. Ya seas un profesional de la salud, un líder religioso, un trabajador social, o simplemente alguien que quiere entender mejor cómo apoyar a los demás en momentos difíciles, este libro espera ser una guía valiosa en tu camino.

J.J. ROSARIO PHD.

1
Comprensión del duelo

Concepto del duelo, fases del duelo, cómo se vive, cuánto tiempo dura, reacciones más frecuentes, perspectivas religiosas y espirituales, Perspectiva sociológica

Capítulo 1

Comprensión del duelo

El duelo es una reacción emocional y psicológica ante la pérdida de alguien o algo significativo en la vida de una persona. Este proceso, que representa un cambio profundo, no solo está asociado con la muerte de un ser querido, sino también con la pérdida de una relación, un empleo, la salud o cualquier otra situación que implique un cambio importante.

A menudo, el duelo se asocia mayormente con la pérdida de un ser amado, por eso puede convertirse en una barrera que se alza sobre todas las áreas de la vida y al mismo tiempo, es un proceso profundamente doloroso y desafiante. Comprender el duelo es fundamental para poder brindar el apoyo adecuado a quienes lo experimentan.

Este acontecimiento vital implica sufrimiento para la mayoría de las personas. Con el tiempo suele progresar hacia la superación, aunque inevitablemente nos cambia. Estos cambios pueden llevarnos a una mayor fortaleza y madurez, favoreciendo el crecimiento personal o mantenernos en un estado de búsqueda de un pasado que nunca se podrá recuperar, lo que puede provocar problemas emocionales significativos. Toda pérdida necesita ser reconocida, poco a poco aceptada, y seguida de cambios que nos permitan nuevas perspectivas.

El duelo lo vivimos a nivel personal como una reacción individual y subjetiva, también es un asunto familiar y social, con importantes diferencias culturales en la forma de expresarse, en el luto, el funeral y otros rituales. Por ejemplo, las influencias familiares y culturales condicionan aspectos como cuánto debe durar el luto o qué es adecuado sentir y expresar en cada momento.

Concepto y fases del duelo

Uno de los modelos más conocidos para entender el duelo es el propuesto por **Elisabeth Kübler- Ross** en su libro *"On Death and Dying"* (1969). Este modelo describe cinco etapas del duelo que las personas suelen atravesar: **_negación, ira, negociación, depresión y aceptación_**. Es importante destacar que no todas las personas pasan por estas etapas de manera lineal, y algunas pueden experimentar ciertas etapas más intensamente o repetidamente.

Negación

La negación es la primera etapa del duelo en la que no podemos aceptar la realidad de la pérdida. Es una reacción de choque y entumecimiento que actúa como un mecanismo de defensa temporal. Podemos experimentar incredulidad y confusión, y tener dificultades para procesar y aceptar la situación. Esta etapa nos permite amortiguar el impacto inicial de la pérdida y empezar a procesar lentamente lo ocurrido.

Ira

La ira es una reacción común cuando la realidad de la pérdida comienza a asentarse. Nos sentimos frustrados y desamparados, y a menudo buscamos a alguien o algo a quien culpar. Esta ira puede dirigirse hacia uno mismo, hacia otros, hacia la persona fallecida o incluso hacia la situación en sí. Es importante entender que la ira es una expresión del dolor profundo y una parte necesaria del proceso de duelo.

Negociación

Durante la etapa de negociación, intentamos hacer tratos o compromisos para revertir o minimizar la pérdida. Pueden surgir pensamientos "si solo hubiera" o "qué pasaría si", intentando encontrar maneras de evitar la realidad. Esta etapa refleja el deseo de recuperar el control y hacer algo para cambiar lo ocurrido. Es una forma de afrontar la desesperación y buscar un sentido de esperanza, aunque sea temporal.

Depresión

La depresión en el contexto del duelo no se refiere a una enfermedad mental, sino a una respuesta natural a la pérdida. En esta etapa, enfrentamos el dolor y la tristeza profunda. Podemos sentir vacío, desesperanza y aislamiento. La depresión puede manifestarse en llanto, problemas de sueño, falta de apetito y pérdida de interés en actividades cotidianas. Esta etapa es crucial para la aceptación de la realidad de la pérdida.

Aceptación

La aceptación es la etapa final del duelo donde empezamos a encontrar una manera de vivir con la pérdida. No significa que el dolor desaparezca, sino comenzamos a aceptar la realidad de la situación y a reorganizar nuestra vida en torno a esta nueva realidad. Podemos encontrar un sentido de paz y resolución, y empezar a vivir de nuevo sin la presencia física de nuestro ser querido. La aceptación implica adaptación y la capacidad de seguir adelante. (1)

Como mencioné antes, estas etapas no son lineales y pueden experimentarse en diferentes órdenes o repetirse. Cada persona maneja el duelo de manera única, y comprender estas etapas puede ayudar a normalizar las emociones durante el proceso de duelo. Además del modelo de Kübler-Ross, existen otros enfoques que ayudan a entender el duelo, como el Modelo de Tareas del Duelo de William Worden. Este modelo identifica cuatro tareas que debemos realizar para adaptarnos a la pérdida: aceptar la realidad de la pérdida, trabajar el dolor de la pérdida, ajustar a un entorno donde el fallecido no está y reinvertir en la vida.

¿Cómo se vive con el duelo?

Cada duelo es una experiencia única e irrepetible. Las reacciones ante un duelo varían no sólo entre diferentes personas, sino también en cada una, según la edad y las circunstancias en las que se encuentra la persona cuando sucede la pérdida.

Existen algunas circunstancias que condicionan las diferentes formas de vivir el duelo, y que lo pueden hacer más difícil, como son:

- *Las normas culturales del entorno (aceptación o no del proceso de duelo).*
- *La edad de la persona en duelo, sobre todo cuando esta es extrema (infancia y personas ancianas).*
- *Haber sufrido pérdidas múltiples o acumuladas.*
- *La personalidad, la forma en que se afronta.*

- *El tipo de relación con la persona fallecida (ambivalente o dependiente).*
- *La muerte repentina o imprevista.*
- *La duración de la enfermedad: excesivamente larga o excesivamente corta.*
- *Una enfermedad con síntomas sin controlar.*
- *La falta de apoyo familiar y social.*
- *Dificultad para expresar la pena.*
- *El rechazo social ante el duelo.*

¿Cuánto tiempo dura?

La duración es muy variable. Es un proceso a largo plazo que depende de cada persona y situación. La mayoría de los duelos duran entre 1 y 3 años. El primer año suele ser el más difícil. Después, el malestar se va reduciendo, aunque no de una forma continua, sino que puede ser altibajos.

Son frecuentes las sensaciones de recaída, "he vuelto atrás", "estoy como al principio". En estas ocasiones, la persona en duelo puede pensar que no progresa, sin embargo, es normal encontrarse "con baches" en el camino. En cualquier caso, cada persona tiene su propio ritmo y necesita un tiempo distinto para adaptarse a la nueva situación.

¿Cuáles son las reacciones más frecuentes?

Las siguientes reacciones son habituales tras la muerte de un ser querido. Algunas personas se asustan ante estas manifestaciones e incluso temen estar volviéndose locas, por lo que pueden vivirlas con vergüenza e intentar ocultarlas. Conocerlas y saber que son normales pueden ayudar a sentir más tranquilidad si se experimentan. Es importante recordar que cada duelo es único, por lo que cada persona no tiene que manifestar todos estos sentimientos, ni comportamientos. De igual modo, cada cuerpo responderá de forma especial. (2)

Perspectivas religiosas y espirituales

Las religiones y las creencias espirituales ofrecen diversos enfoques y prácticas para manejar el duelo. Cada tradición religiosa tiene sus propios rituales y **enseñanzas sobre la muerte y el duelo,** proporcionando un marco de comprensión y consuelo para los dolientes.

Cristianismo

La muerte se considera como una transición hacia la vida eterna. Los rituales como el funeral, la misa de réquiem y las oraciones por los difuntos son esenciales para ayudar a los dolientes a procesar su pérdida y encontrar consuelo en la promesa de la resurrección y la vida eterna.

Islam

La muerte es vista como una parte natural del ciclo de la vida y una transición hacia el más allá. Los rituales islámicos incluyen la recitación del Corán, las oraciones fúnebres y el entierro inmediato, proporcionando un marco de apoyo y consuelo para los dolientes.

Hinduismo

Ve la muerte como una transición del alma de un cuerpo a otro en el ciclo de reencarnación. Los rituales hindúes, como la cremación y las ceremonias, están diseñados para ayudar al alma del fallecido a alcanzar la plena "liberación" y para proporcionar consuelo a los dolientes.

Budismo

En el budismo, la muerte se considera una parte natural del ciclo de nacimiento, muerte y renacimiento. Los rituales budistas, como la meditación, las oraciones y las ceremonias de mérito, ayudan a los dolientes a aceptar la temporalidad de la vida y a encontrar paz.

Judaísmo

Los judíos practicantes tienen una serie de rituales bien definidos para el duelo, incluyendo la shivá (un período de siete días de luto), el kaddish (una oración específica para los dolientes) y la visita a la tumba en el aniversario de la muerte. Estos rituales proporcionan estructura y apoyo comunitario para los dolientes.

Estas perspectivas religiosas y espirituales ofrecen marcos de referencia que pueden ayudar a los dolientes a encontrar significado y consuelo en su proceso de duelo. En Occidente, siguiendo la tradición judeocristiana (ya sean católicos o evangélicos) el manejo del duelo tiende a basarse en los ritos y sacramentos del cristianismo. Esta postura es respetada por diversas instituciones, que brindan sus servicios sin prejuicios ni discriminación.

La ausencia de prejuicio o discriminación debe estar presente en todas las declaraciones de fe del doliente. Es lamentable observar cómo se ignora el dolor del otro solo simplemente por tener una fe distinta a la propia.

Perspectiva sociológica

Desde una perspectiva sociológica, el duelo no es solo un proceso individual, sino también un fenómeno social que está profundamente influenciado por las normas culturales, las expectativas sociales, las estructuras comunitarias, así como las posibilidades económicas. La forma en que una persona experimenta y expresa su duelo puede variar significativamente dependiendo de su contexto social y cultural.

- **Normas culturales:** Cada cultura tiene sus propias normas y expectativas sobre cómo se debe expresar el duelo. En algunas culturas, es común mostrar el dolor abiertamente y de manera pública, mientras que, en otras, se espera que las personas mantengan su duelo en privado y muestren una apariencia de fortaleza.

- **Redes de apoyo social:** Las redes sociales, incluyendo la familia, los amigos y la comunidad, juegan un papel crucial en el apoyo a los dolientes. La presencia de una red de apoyo fuerte puede ayudar a las personas a sobrellevar su dolor y a encontrar formas constructivas de enfrentar la pérdida.

- **Rituales y tradiciones comunitarias:** Los rituales comunitarios, como los funerales, las vigilias y las ceremonias conmemorativas, proporcionan un espacio para que los dolientes compartan su dolor y encuentren consuelo en la solidaridad comunitaria. Estos rituales también sirven para reforzar los lazos sociales y fortalecer la cohesión comunitaria.

- **Impacto de la pérdida en la comunidad:**
  La muerte de un miembro de la comunidad puede tener un impacto significativo en el tejido social. Las comunidades pueden experimentar un sentido de pérdida colectiva, y la respuesta de la comunidad puede ser crucial para ayudar a los individuos a procesar su duelo.

El duelo también puede estar influenciado por factores como el género, la clase social y la edad. Por ejemplo, las expectativas sobre cómo deben comportarse los hombres y las mujeres en el duelo pueden variar, y las personas de diferentes edades pueden experimentar y expresar su duelo de maneras distintas.

Uno de los retos más importantes de los tanatólogos es cuando el doliente es un adolescente o menor de edad, debido a la limitación en el entendimiento de los procesos que observan. Además, las personas de diferentes clases sociales pueden tener acceso a distintos recursos y formas de apoyo, lo que puede afectar su proceso de duelo.

Reflexión final del capítulo

Comprender el duelo es un primer paso crucial para brindar un apoyo efectivo a quienes lo experimentan. Reconociendo las diversas fases del duelo y las diferencias en las perspectivas religiosas, espirituales y sociológicas, podemos desarrollar una comprensión más rica y matizada de este proceso complejo. Esta comprensión es fundamental para ofrecer un apoyo verdaderamente empático y eficaz, que respete y honre la experiencia única de cada doliente.

J.J. ROSARIO PHD.

2
Trasfondo histórico del manejo del duelo

Duelo en sociedades primitivas, modernización y psicología del duelo, enfoques contemporáneos, tecnología y duelo, prácticas culturales diversas

Capítulo 2

Trasfondo histórico del manejo del duelo

El duelo es una respuesta emocional compleja y multifacética a la pérdida de un ser querido. A lo largo de la historia, el manejo del duelo ha evolucionado considerablemente, influenciado por factores culturales, religiosos, filosóficos y científicos. Este capítulo explora cómo diversas culturas y períodos históricos han abordado el duelo, proporcionando una perspectiva amplia y profunda de su desarrollo.

El duelo en las sociedades primitivas

Las primeras sociedades humanas tenían rituales y prácticas específicas para manejar el duelo. Estas prácticas estaban profundamente entrelazadas con las creencias animistas y la visión del mundo espiritual. Los entierros y las ofrendas funerarias eran comunes, ya que se creía que los espíritus de los fallecidos continuaban existiendo y necesitaban ser honrados y apaciguados.

Por ejemplo, en algunas tribus indígenas, los dolientes llevaban a cabo ceremonias que incluían cantos, danzas y la quema de ofrendas para guiar al espíritu del fallecido al más allá. Estos rituales no solo ayudaban a los vivos a procesar la pérdida, sino que también servían para mantener la cohesión social y la conexión con los antepasados.

Antigüedad

Clásica Egipto

En el Antiguo Egipto, el duelo estaba íntimamente relacionado con las creencias religiosas y la inmortalidad del alma. Los egipcios practicaban elaborados rituales funerarios, incluyendo la momificación y la construcción de tumbas monumentales, como las pirámides, para asegurar la transición adecuada al más allá. El "Libro de los Muertos" egipcio proporciona información valiosa sobre estas prácticas. Los rituales funerarios incluían el embalsamamiento del cuerpo y la realización de ceremonias que involucraban a sacerdotes y familiares. La construcción de tumbas y pirámides no solo servía como morada eterna para el difunto, sino también como un lugar de culto y memoria para los vivos.

Grecia y Roma

En la antigua Grecia, el duelo era una parte crucial de la vida comunitaria. Se creía que los muertos iban al Hades, y los rituales funerarios, que incluían ofrendas y sacrificios, eran esenciales para asegurar su paso seguro. Los griegos también tenían el concepto de la "psicopompos", seres que guiaban a las almas al más allá. Las ceremonias funerarias incluían el "prótesis" (la exposición del cuerpo), el "ekphora" (el cortejo fúnebre) y el entierro o cremación, seguidos de ofrendas regulares en la tumba del difunto.

En Roma, el duelo se expresaba a través de pompas fúnebres elaboradas y un período de luto formal. Las familias romanas organizaban funerales grandiosos que incluían procesiones, discursos y juegos en honor al fallecido. El luto tenía una duración específica y estaba acompañado de prácticas como el uso de vestimentas oscuras y la abstinencia de ciertas actividades sociales. Los romanos también creían en la importancia de honrar a los antepasados a través de rituales y festivales, como la Parentalia y la Lemuria, para asegurar la paz de los espíritus.

Edad media y Renacimiento

Durante la Edad Media, el cristianismo desempeñó un papel central en la manera en que se manejaba el duelo. La creencia en la resurrección y la vida eterna ofrecía consuelo a los dolientes, y las prácticas funerarias incluían misas y oraciones por las almas de los difuntos. El concepto de purgatorio también influyó en las prácticas de duelo, ya que se creía que las oraciones y las indulgencias podían ayudar a las almas a alcanzar el cielo.

El Renacimiento trajo un resurgimiento del interés por la antigüedad clásica, influenciando nuevamente las prácticas de duelo con un enfoque en el individuo y la memoria. Durante este período, las prácticas funerarias comenzaron a reflejar un mayor interés por la preservación de la memoria y el legado del fallecido. Las tumbas y monumentos se volvieron más elaborados, y las biografías y epitafios se utilizaron para celebrar la vida y los logros de los difuntos.

Siglo XIX: Era Victoriana

El siglo XIX, especialmente en la era victoriana, marcó un período notable en la historia del duelo. La Reina Victoria, tras la muerte de su esposo, el Príncipe Alberto, estableció un estándar de luto que influyó profundamente en la sociedad británica. Este período se caracterizó por un luto formal y prolongado, con estrictas normas sobre el vestuario y el comportamiento.

El luto victoriano se dividía en varias etapas, cada una con sus propias reglas y duración. El "luto profundo" requería el uso de ropa completamente negra y la abstinencia de actividades sociales, seguido por el "medio luto" y el "luto leve", donde se permitían gradualmente más colores y actividades. Las joyas y accesorios de luto, como los broches de pelo y los camafeos, también eran comunes y servían como recordatorios físicos del fallecido.

Siglo XX: Modernización y psicología del duelo

El siglo XX trajo consigo una comprensión más científica y psicológica del duelo. La influencia de Sigmund Freud y su ensayo "Duelo y Melancolía" sentó las bases para la comprensión del duelo como un proceso psicológico. Freud argumentaba que el duelo era una respuesta natural a la pérdida y diferenciaba entre el duelo normal y la melancolía patológica. Su enfoque destacó la importancia de trabajar a través de la pérdida para eventualmente desprenderse emocionalmente del fallecido y reinvertir en nuevas relaciones y actividades.

Elie Metchnokoff

En los primeros años del siglo XX, Elie Metchnokoff recibió el premio Nobel de Medicina en 1908. En sus escritos acuñó el término "Tanatología", que denominó como la ciencia encargada de la muerte. En ese momento, la Tanatología fue considerada una rama de la medicina forense que trataba de la muerte y de todo lo relacionado con los cadáveres, desde el punto de vista médico legal.

1930- 1971

En la década de los treinta, como resultado de los grandes avances de la medicina, se inició un período en el que se confina el asunto de la muerte a los hospitales. Para la década de los cincuenta, esto se fue generalizando cada vez más, y así, el cuidado de los enfermos en fase terminal se trasladó de la casa a las instituciones hospitalarias. Esto resultó en que la sociedad de esa época "escondiera "la muerte en su afán de hacerla menos visible, para no recordar los horrores de la guerra que acababa de terminar.

En la década de los sesenta, la presencia de familiares en velatorios de un ser querido disminuyó un 25%, y durante esa época, se hizo creer a todos que la muerte era algo sin importancia. Al ocultarla, se le despojaba de su sentido trágico, convirtiéndola en un hecho ordinario a la vez que se le relegó y consideró insignificante. El concepto y definición de la muerte, según Potter (1971) y Gutiérrez (2006) ha variado a través del tiempo de acuerdo con la cultura, la religión y el pensamiento predominante de cada pueblo y de cada época, con la creencia o no en la vida después de la muerte, que conlleva la esperanza de una vida mejor cuando la vida presente haya llegado a su final.

Este enfoque práctico y orientado a tareas específicas proporciona una estructura para ayudar a los dolientes a navegar el proceso de duelo de manera efectiva. Debido a la violencia que se manifiesta en tiempos actuales, al igual que durante las guerras, la muerte ha llegado a considerarse como algo natural. De la misma manera, los profesionistas de la salud, con un pensamiento biologista, consideran a la muerte como un evento natural, normal y cotidiano, por lo que abordan el tema de la muerte desde una interpretación solamente científica y técnica. (Rebolledo 1996; Tarasco, 1998).

Elisabeth Kübler-Ross (1969)

Una figura clave en la evolución del manejo del duelo en el siglo XX es Elisabeth Kübler-Ross. Su influyente libro ***"Sobre la Muerte y los Moribundos"*** (1969) presentó el famoso modelo de las cinco etapas del duelo: negación, ira, negociación, depresión y aceptación. Este modelo ha sido ampliamente adoptado y adaptado en la psicología y la medicina, aunque también ha recibido críticas y revisiones. Kübler-Ross subrayó la importancia de que los dolientes experimenten y expresen sus emociones a lo largo del proceso de duelo, y su trabajo fue fundamental para sensibilizar a la sociedad sobre la necesidad de apoyo emocional en estos momentos difíciles.

Modelos alternativos y críticas

Aunque el modelo de Kübler-Ross ha sido pionero, no es el único enfoque en el estudio del duelo. Margaret Stroebe y Henk Schut desarrollaron el Modelo de Duelo Dual, que sugiere que los dolientes alternan entre enfocarse en la pérdida y en la restauración de su vida. Este modelo destaca la adaptabilidad y resiliencia de los individuos, subrayando la importancia de equilibrar el enfrentamiento del dolor con la reconstrucción de la vida cotidiana.

Además, otros modelos, como el de J. William Worden, han aportado valiosas perspectivas sobre el duelo. Worden propuso las "Tareas del Duelo", que incluyen aceptar la realidad de la pérdida, experimentar el dolor del duelo, ajustarse a un entorno en el que el fallecido ya no está presente y encontrar una conexión duradera con el difunto mientras se sigue adelante con la vida.

1978-1999

Dans (1978) argumenta que la muerte, como disolución de la unidad organizacional y funcional del individuo, es en realidad es un proceso continuo, sin un punto de inicio claramente definido hasta que se completa. La muerte forma parte intrínseca de la vida misma (DiCaprio, 1999); es el resultado del envejecimiento y deterioro progresivo tanto orgánico como funcional. En otros casos, puede ser consecuencia de enfermedades agudas o crónicas, que llevan a una fase terminal a corto, mediano o largo plazo.

Enfoques contemporáneos

Hoy en día, el manejo del duelo se ha diversificado y se ha vuelto más inclusivo, reconociendo las diversas maneras en que las personas experimentan y procesan la pérdida. Se ha dado mayor atención a las diferencias culturales y religiosas en el duelo, y se han desarrollado enfoques terapéuticos que van desde la terapia cognitivo-conductual hasta técnicas basadas en la compasión y el mindfulness. Los terapeutas y consejeros de duelo utilizan una variedad de métodos para ayudar a los dolientes a expresar sus emociones, procesar su pérdida y encontrar formas de avanzar.

Tecnología y duelo

El avance de la tecnología ha influido notablemente en la forma en que las personas manejan el duelo. Las redes sociales y los espacios digitales han creado nuevas formas de conmemorar y recordar a los seres queridos, permitiendo una expresión pública del duelo y la formación de comunidades de apoyo en línea. Plataformas como Facebook y Twitter han facilitado la creación de memoriales virtuales, donde amigos y familiares pueden compartir recuerdos, fotos y mensajes de condolencia.

Además, existen aplicaciones y recursos en línea dedicados a proporcionar apoyo y herramientas para el duelo, ofreciendo acceso a grupos de apoyo, terapia en línea y autocuidado.

Prácticas Culturales Diversas

El manejo del duelo presenta notables variaciones entre diferentes culturas y religiones, reflejando una amplia gama de creencias y prácticas. En la tradición judía, el duelo se estructura en varias etapas. Comienza con el "shivá", un período de siete días de luto intenso, seguido por el "shloshim", un período de treinta días de luto más moderado.

En la cultura hindú, los rituales funerarios incluyen la cremación del cuerpo y la inmersión de las cenizas en un río sagrado. Este acto simboliza la liberación del alma del ciclo de reencarnación y la transición hacia una nueva existencia.

Por otro lado, en la cultura japonesa, el "butsudan" (altar budista en casa) y el "haka mairi" (visita a la tumba) son prácticas comunes para honrar a los ancestros y mantener su memoria viva. Estas costumbres reflejan la creencia en la continuidad de la conexión entre los vivos y los muertos, subrayando la importancia del respeto y la devoción hacia los ancestros.

Enfoques Terapéuticos Modernos

La terapia del duelo ha evolucionado para incorporar una variedad de enfoques y técnicas, cada uno con beneficios específicos y adecuados para distintos individuos. La terapia cognitivo-conductual (TCC) es ampliamente utilizada para ayudar a los dolientes a identificar y cambiar patrones de pensamiento negativos que pueden perpetuar el dolor del duelo.

Las terapias basadas en la compasión y el mindfulness se enfocan en desarrollar una mayor autocompasión y conciencia del presente, ayudando a los dolientes a procesar sus emociones de manera más saludable. Además, la terapia de grupo se ha convertido en una opción popular, proporcionando un entorno de apoyo donde los individuos pueden compartir sus experiencias y recibir consuelo de otros que están pasando por situaciones similares. Estos grupos ofrecen un sentido de comunidad y pertenencia, ayudando a los dolientes a sentirse menos aislados en su dolor.

La Neurociencia del Duelo

La investigación en neurociencia ha comenzado a arrojar luz sobre cómo el duelo afecta al cerebro. Los estudios han demostrado que la pérdida de un ser querido puede activar las mismas áreas del cerebro que están involucradas en el dolor físico, explicando por qué el duelo puede sentirse tan intensamente doloroso. Además, el duelo puede afectar la función cognitiva, la memoria y la regulación emocional, destacando la necesidad de un enfoque integral en el tratamiento del duelo.

El Duelo en la Literatura y el Arte

El duelo ha sido un tema recurrente en la literatura y el arte a lo largo de la historia, ofreciendo una ventana a las experiencias humanas universales de pérdida y dolor. Desde las tragedias griegas de Sófocles y Eurípides hasta las obras de Shakespeare y los poemas de Emily Dickinson, el duelo ha sido explorado como una experiencia profundamente personal y, al mismo tiempo, universal.

El arte visual también ha capturado el duelo de manera poderosa, desde los antiguos frescos y esculturas funerarias hasta las pinturas y fotografías modernas. Estas representaciones no solo proporcionan consuelo y catarsis a los dolientes, sino que también sirven como recordatorios duraderos de la fragilidad y la belleza de la vida.

Reflexión final del capítulo

La evolución del manejo del duelo muestra la diversidad y complejidad de la experiencia humana. Desde los rituales funerarios de las sociedades primitivas hasta los enfoques psicológicos modernos, el duelo ha sido una constante en la historia de la humanidad. Entender este contexto histórico enriquece nuestra perspectiva sobre el duelo y nos permite abordar la pérdida con mayor empatía y comprensión en el mundo contemporáneo.

J.J. ROSARIO PHD.

3
Apoyo desde instituciones hospitalarias

Cuidados paliativos y hospicio, programas de apoyo emocional y psicológico, terapia grupal, programas de apoyo familiar, capacitación y apoyo para el personal hospitalario

Capítulo 3

Apoyo desde instituciones hospitalarias

Las instituciones hospitalarias desempeñan un papel esencial en apoyar a los individuos y sus familias durante el proceso de duelo. A menudo, el primer encuentro con el duelo ocurre en el entorno hospitalario, donde los pacientes reciben diagnósticos terminales y sus familias enfrentan la realidad de una pérdida inminente. De hecho, el proceso de duelo comienza desde el momento en que se confirma que la enfermedad del paciente está en sus etapas finales.

Este capítulo explora las diversas formas en que los hospitales pueden ofrecer apoyo emocional, psicológico y práctico a los dolientes, destacando las mejores prácticas y los programas más efectivos.

Cuidados paliativos y hospicio

Cuidados paliativos

Los cuidados paliativos están diseñados para mejorar la calidad de vida de los pacientes con enfermedades graves y sus familias. No se limitan a los pacientes en las etapas finales de vida; se pueden ofrecer en cualquier etapa de una enfermedad grave. Su principal objetivo es aliviar el sufrimiento a través de la gestión de síntomas físicos, así como brindar apoyo emocional y espiritual.

- *Gestión de Síntomas.* Los cuidados paliativos buscan aliviar el dolor y otros síntomas angustiantes, como la dificultad para respirar, la fatiga, la pérdida de apetito, las náuseas y el insomnio. Un equipo multidisciplinario, compuesto por médicos, enfermeras, trabajadores sociales y especialistas en salud mental, colabora para desarrollar un plan de cuidado personalizado para cada paciente.

- ***Apoyo Emocional y Espiritual.*** Además del alivio físico, los cuidados paliativos también incluyen apoyo emocional y espiritual. Psicólogos, consejeros y capellanes brindan un espacio seguro para que los pacientes y sus familias expresen sus miedos, preocupaciones y esperanzas. Este apoyo es crucial para ayudar a las personas a encontrar un sentido de paz y aceptación durante una enfermedad grave.

Hospicio

El hospicio es una forma específica de cuidados paliativos dirigida a pacientes en las etapas finales de una enfermedad terminal. Su enfoque es proporcionar cuidados compasivos que permitan a los pacientes vivir sus últimos días con dignidad y confort, rodeados de sus seres queridos.

- ***Enfoque en la calidad de vida.*** El hospicio prioriza la calidad de vida sobre la extensión de la misma. Esto significa que se enfoca en el manejo de síntomas y el alivio del dolor, en lugar de tratamientos curativos agresivos. El objetivo es que el paciente pueda vivir sus últimos días de la manera más plena y cómoda posible.

- **Apoyo Integral**. Los equipos de hospicio incluyen médicos, enfermeras, trabajadores sociales, capellanes y voluntarios que trabajan en conjunto para proporcionar un apoyo integral a los pacientes y sus familias. Este apoyo abarca aspectos físicos, emocionales, sociales y espirituales del cuidado.

- **Atención en el hogar**. Muchos programas de hospicio ofrecen la posibilidad de recibir cuidados en el hogar, permitiendo a los pacientes estar en un entorno familiar y cómodo. Esto puede ser particularmente beneficioso para los pacientes y sus familias, ya que reduce el estrés asociado con las hospitalizaciones.

Programas de apoyo emocional y psicológico

Los hospitales también pueden ofrecer una variedad de programas de apoyo emocional y psicológico para los dolientes. Estos programas están diseñados para ayudar a las personas a procesar su dolor, encontrar sentido en su experiencia y desarrollar mecanismos de afrontamiento saludables.

Terapia Individual

La terapia individual proporciona un espacio seguro y confidencial para que los dolientes exploren sus emociones y pensamientos relacionados con la pérdida. Los terapeutas especializados en duelo pueden ayudar a las personas a:

- ***Expresar emociones.*** Los dolientes a menudo experimentan una amplia gama de emociones, desde la tristeza y la ira hasta la culpa y la confusión. La terapia individual permite a las personas expresar estas emociones de manera saludable y constructiva.

-
- ***Desarrollar estrategias de afrontamiento.*** Un terapeuta puede ayudar a los dolientes a identificar y desarrollar estrategias de afrontamiento efectivas. Esto puede incluir técnicas de relajación, ejercicios de respiración y prácticas de "mindfulness".

- ***Reconstruir una nueva normalidad.*** La pérdida de un ser querido a menudo requiere que los dolientes reconstruyan su vida de nuevas maneras. La terapia puede ayudar a las personas a encontrar un nuevo sentido de normalidad y propósito después de la pérdida.

Terapia Grupal

La terapia grupal ofrece a los dolientes la oportunidad de conectarse con otros que están atravesando experiencias similares. Este tipo de apoyo puede ser particularmente valioso, ya que fomenta un sentido de comunidad y pertenencia:

- **Compartir experiencias.** Los grupos de apoyo permiten a los dolientes compartir sus historias y escuchar las experiencias de los demás. Este intercambio puede ser increíblemente reconfortante y alentador, al mostrar que no están solos en su dolor.

- **Sentido de comunidad.** Formar parte de un grupo de apoyo puede aliviar la sensación de aislamiento y soledad. Saber que otros están pasando por lo mismo puede proporcionar un gran consuelo y fortalecer la sensación de pertenencia.

- **Apoyo Mutuo.** Los miembros de los grupos de apoyo a menudo desarrollan vínculos fuertes y ofrecen apoyo emocional y práctico entre sí. Esta red de apoyo mutuo puede ser una fuente vital de fortaleza y esperanza durante el proceso de duelo.

Programas de Apoyo Familiar

El duelo no solo afecta a los individuos, sino también a las familias en su conjunto. Los hospitales pueden ofrecer programas diseñados específicamente para ayudar a las familias a navegar juntas el proceso de duelo.

- ***Terapia Familiar.*** La terapia familiar brinda un espacio para que los miembros de la familia trabajen juntos en el procesamiento de su dolor. Un terapeuta familiar puede facilitar la comunicación, ayudar a resolver conflictos y fomentar el apoyo mutuo entre los miembros de la familia.

- ***Programas para Niños y Adolescentes.*** El duelo puede ser especialmente difícil para los niños y adolescentes, quienes pueden no tener las mismas habilidades de afrontamiento que los adultos. Los programas de apoyo diseñados para jóvenes pueden incluir terapia de juego, grupos de apoyo para adolescentes y actividades artísticas que les ayuden a expresar sus emociones de manera saludable.

Capacitación y apoyo para el personal hospitalario

El personal hospitalario, incluidos médicos, enfermeras y otros profesionales de la salud, también necesita apoyo para manejar el estrés emocional y el desgaste asociado con trabajar con pacientes terminales y sus familias. Los programas de capacitación y apoyo pueden ayudar al personal a proporcionar un cuidado compasivo y efectivo, al tiempo que cuidan su propio bienestar emocional.

Capacitación en comunicación y empatía

La comunicación efectiva es esencial para proporcionar un apoyo adecuado a los dolientes. La capacitación en comunicación y empatía puede ayudar al personal hospitalario a desarrollar habilidades que les permitan interactuar con los pacientes y sus familias de manera más compasiva y efectiva.

- *Escucha activa.* Aprender a escuchar activamente es crucial para comprender verdaderamente las necesidades y preocupaciones de los dolientes. La escucha activa implica prestar atención plena, hacer preguntas abiertas y mostrar empatía.

- *Comunicación de noticias difíciles.* La capacitación también puede incluir técnicas para comunicar noticias difíciles de manera sensible y respetuosa. Esto incluye cómo preparar a las familias para recibir malas noticias, cómo responder a sus preguntas y preocupaciones, y cómo ofrecer apoyo emocional durante y después de la comunicación.

- *Manejo de emociones propias.* El personal hospitalario debe ser capaz de manejar sus propias emociones mientras proporciona apoyo a los demás. La capacitación puede incluir técnicas de autocuidado y estrategias para mantener la resiliencia emocional.

Apoyo psicológico y de salud mental

El trabajo con pacientes terminales y sus familias puede ser emocionalmente agotador para el personal hospitalario. Por ellos, los hospitales pueden ofrecer programas de apoyo psicológico y de salud mental para ayudar a los profesionales de la salud a manejar el estrés y el desgaste.

- *Sesiones de terapia y consejería.* Proporcionar acceso a sesiones de terapia y consejería puede ser vital para que los profesionales de la salud procesen sus propias emociones y encuentren maneras de manejar el estrés.

- *Grupos de apoyo para el personal.* Los grupos de apoyo permiten a los profesionales de la salud compartir sus experiencias y recibir apoyo de sus colegas. Estos grupos pueden ser una fuente esencial de camaradería y fortaleza.

- *Programas de Bienestar.* Los programas de bienestar, que pueden incluir actividades como yoga, meditación, ejercicios de respiración y talleres de mindfulness, ayudan al personal hospitalario a mantener su bienestar físico y emocional.

Implementación de Programas de Apoyo en Hospitales

Esfuerzos y Estrategias

Programas de apoyo al duelo en hospitales. Los hospitales han desarrollado diversos programas para apoyar a los pacientes y sus familias durante el duelo. Estos incluyen servicios de apoyo psicológico, donde los psicólogos y terapeutas especializados en duelo trabajan con los dolientes para ayudarles a procesar sus emociones.

A pesar de la base filosófica de estos servicios, en muchas ocasiones las estrategias necesarias son inexistentes en algunos hospitales, por variadas razones: falta del personal entrenado, recursos económicos limitados o agendas particulares de quienes resultan ser insensibles, a este particular.

Además, muchos hospitales ofrecen grupos de apoyo, donde los dolientes pueden compartir sus experiencias y encontrar consuelo en la comunidad.

La **Clínica Mayo** publica:

"Los grupos de apoyo y duelo pueden desempeñar una función importante en el bienestar emocional de los pacientes y sus familiares cuando se enfrentan a enfermedades graves".

Clínica Mayo *recomienda que se solicite apoyo a grupos confiables, tanto de pares como de profesionales médicos, que puedan brindar información, asesoramiento y comprensión. En el sitio web de la institución aparece información básica y objetiva sobre los grupos de apoyo y duelo.*

Definición de los grupos de apoyo y duelo

Los grupos de apoyo son para personas con una enfermedad o a sus familiares que quiere compartir sus preocupaciones con otros y aprender cómo tratar problemas específicos de la enfermedad. En los grupos de duelo, las personas que han perdido a un ser querido pueden compartir sus dificultades con otros que han sufrido una pérdida similar.

La mayoría de los grupos de apoyo están formados por "pares", es decir, personas que tienen una enfermedad igual o similar. Una persona corriente o un profesional de la salud puede dirigir el grupo, y generalmente, el moderador es un sobreviviente de la enfermedad. Algunos grupos se reúnen en un entorno hospitalario, en una agencia comunitaria, en la casa de una persona, por teléfono o en salas de chat por Internet. Los grupos de duelo también están formados por pares, y quienes participan han perdido un ser querido.

Los grupos de apoyo se pueden estructurar de diversas formas. Algunos se organizan en función de la enfermedad específica, mientras que otros se diseñan de acuerdo con el estadio de la enfermedad. Algunos se centran en la terapia, la educación o la capacidad para sobrellevar situaciones difíciles, mientras que otros ofrecen un ambiente menos estructurado donde los miembros orientan las reuniones. Los grupos de duelo pueden organizarse en función del pariente que perdió la persona: hijo, padre o cónyuge. Los participantes del grupo han tenido la misma experiencia.

Beneficios de los grupos de apoyo

Algunas personas que han participado en grupos de apoyo y duelo dicen que la experiencia les brindó una conexión emocional cuando se sentían aislados de sus amigos y familiares. Un grupo puede ofrecer y compartir información que incluye desde investigaciones sobre enfermedades y nuevos medicamentos hasta la forma en que una persona afligida puede sobrellevar el primer año luego de la muerte de un ser querido.

Los miembros de los grupos de apoyo o duelo afirman que el intercambio de información es uno de los elementos más valiosos de la participación en estos grupos. Además, los grupos de apoyo y duelo ofrecen a las personas la oportunidad de expresar emociones fuertes que, de lo contrario, podrían reprimir". (3)

Los profesionales de salud afirman que los grupos de apoyo pueden mejorar el estado de ánimo de los participantes y reducir la angustia.

Servicio de cuidados paliativos

Los cuidados paliativos son una parte crucial del apoyo al duelo en el entorno hospitalario. Estos servicios no solo se centran en aliviar el dolor y otros síntomas físicos, sino también en proporcionar apoyo emocional, espiritual y social tanto a los pacientes terminales como a sus familias. Los equipos de cuidados paliativos suelen estar formados por médicos, enfermeras, trabajadores sociales y capellanes, quienes trabajan juntos para ofrecer un enfoque integral del cuidado.

Estudio de caso 1

Descripción de una situación de pérdida en un entorno hospitalario

Imaginemos a María, una mujer de 70 años que está en las etapas finales de una enfermedad terminal. Su familia, compuesta por su esposo y dos hijos adultos, se enfrenta a la inminente pérdida. El equipo de cuidados paliativos del hospital ha estado trabajando estrechamente con ellos, proporcionando no solo cuidados médicos para María, sino también apoyo emocional y espiritual para la familia.

- ***Reacciones inmediatas del paciente y la familia.*** Al recibir la noticia de que María tiene pocos días de vida, la familia experimenta una gama de emociones, desde la negación y la ira hasta la tristeza y la desesperación. Los hijos de María, en particular, tienen dificultades para aceptar la realidad y expresar su dolor de maneras diferentes; uno de ellos se muestra enojado y retraído, mientras que el otro se siente abrumado por la tristeza.

- *Soluciones implementadas por el personal hospitalario.* El equipo de cuidados paliativos organiza reuniones regulares con la familia para discutir el estado de María y proporcionar un espacio seguro para expresar sus emociones. Un psicólogo del equipo ofrece sesiones individuales y grupales de terapia para ayudar a cada miembro de la familia a procesar su dolor. Además, un capellán visita a María y su familia para ofrecer consuelo espiritual y realizar rituales religiosos significativos para ellos. También se coordina con una trabajadora social para ayudar a la familia a hacer los arreglos necesarios para el cuidado post-hospitalario y el funeral, aliviando parte de la carga logística durante este difícil momento.

- *Programa de cuidados paliativos.* El hospital estableció un equipo multidisciplinario de cuidados paliativos que incluye médicos, enfermeras, trabajadores sociales, capellanes y voluntarios. Este equipo trabaja en conjunto para proporcionar un cuidado integral y personalizado a los pacientes con enfermedades graves.

- ***Grupos de apoyo para dolientes.*** El hospital ofrece varios grupos de apoyo para dolientes, incluyendo grupos para adultos, niños y adolescentes. Estos grupos proporcionan un espacio seguro para compartir experiencias, recibir apoyo emocional y desarrollar estrategias de afrontamiento.

- ***Capacitación para el personal.*** El Hospital General de Saint Mary ha desarrollado un programa de capacitación en comunicación y empatía para su personal. Este programa incluye talleres, seminarios y sesiones de capacitación en habilidades de comunicación y manejo del estrés.

Estudio de caso 2

El Centro Médico de la Universidad de California

El Centro Médico de la Universidad de California implementó un programa de hospicio que ha transformado la manera en que se proporciona cuidado al final de la vida.

- **Programa de Hospicio.** El programa de hospicio del centro médico se centra en proporcionar cuidados compasivos y personalizados a los pacientes terminales. Los servicios de hospicio se ofrecen tanto en el hospital como en el hogar del paciente.

- **Apoyo Psicológico y Espiritual.** El centro médico ha desarrollado un programa robusto de apoyo psicológico y espiritual para pacientes y sus familias. Este programa incluye terapia individual, terapia familiar, grupos de apoyo y servicios de capellanía.

- **Bienestar del Personal.** El Centro Médico de la Universidad de California ha implementado un programa de bienestar para el personal que incluye acceso a sesiones de terapia, grupos de apoyo para el personal y talleres de bienestar. Este programa ha ayudado a reducir el estrés y el desgaste entre los profesionales de la salud.

Protocolo hospitalario para el manejo de la pérdida de un embarazo, de una muerte fetal o neonatal (Ley 184 de 8 de diciembre de 2016) (Puerto Rico)

Preámbulo

La Ley para el Establecimiento y la Elaboración del Protocolo Uniforme a ser implementado en las Instituciones Hospitalarias y de Salud para el Manejo de la Pérdida de un Embarazo en Etapa Temprana, y de una Muerte Fetal o Neonatal fue creada a los fines de establecer la política pública y los requisitos mínimos a ser incluidos en el protocolo uniforme dispuesto por esta Ley; designar un Comité Interdisciplinario encargado de establecer el mandato de la elaboración del protocolo uniforme escrito, que será implementado en toda institución hospitalaria; establecer su funcionamiento; y para otros fines relacionados.

Exposición de motivos

La pérdida de un embarazo o la experiencia de una muerte fetal o neonatal pueden provocar en los padres diversas manifestaciones emocionales y psicológicas, tales como sentimientos de culpa, ansiedad y desorden de estrés post-traumático. Es por esto que las instituciones hospitalarias y de salud deben identificar las mejores prácticas en el manejo de estos casos de modo que se promueva un ambiente que fomente el proceso de duelo tanto para las familias como el personal de salud que atienden estos casos [1].

La pérdida de un embarazo en etapa temprana significa la pérdida durante las primeras veinte (20) semanas de gestación. Mientras, la muerte fetal es aquella ocurrida después de las veinte (20) semanas de gestación y, la muerte neonatal es definida como la muerte ocurrida durante el período de los primeros veintiocho (28) días de haber nacido.

En Puerto Rico, aunque no se reportan datos sobre las pérdidas de embarazos en etapa temprana de forma oficial, el Informe de Salud en Puerto Rico 2014 publicado por el Departamento de Salud define la muerte fetal como "aquella ocurrida con anterioridad a la expulsión o extracción completa del cuerpo de la madre de un producto de la concepción, cualquiera que haya sido la duración del embarazo; la defunción se señala por el hecho de que, después de la separación, el feto no respira ni muestra ningún otro signo de vida, como el latido del cordón umbilical o el movimiento efectivo de músculos voluntarios". (ONU, 2003) [2]

El referido informe señala que durante el periodo 2004 al 2012, las muertes fetales en Puerto Rico disminuyeron de 537 a 379, lo cual representa 158 muertes fetales menos, o una reducción de 29.4 %. La tasa de mortalidad fetal para 2004 fue de 10.4 por cada mil habitantes, y ya para el 2012 la tasa de mortalidad fetal era de 9.6. Sin embargo, en el año 2011 se observó una fluctuación en esta tasa la cual alcanzó 11.2 por cada mil habitantes, pero luego se redujo a 9.6 en el 2012.

Otra fuente de información sobre la incidencia de estos eventos en nuestra población lo es el Índice Integral de la Salud Materna e Infantil por Municipios (IISMIPR) publicado por el Departamento de Salud. El reporte más reciente, el IISMIPR-2010, publicado en agosto de 2013, Rev. 28 de marzo de 2020.

Define la mortalidad perinatal como aquella que comprende las muertes fetales de 28 semanas de gestación o más, hasta los bebés que nacen vivos, pero mueren justamente antes de cumplir 7 días de nacido. Esta tasa es un indicador del estado de salud perinatal y la calidad de los servicios que se proveen a las embarazadas y al recién nacido.

El IISMIPR-2010 reporta que para el 2010, 7.4 muertes por cada 1,000 nacimientos vivos más muertes fetales tardías de Puerto Rico fallecieron durante el periodo perinatal. También reporta este estudio que las muertes neonatales componen la mayoría de las muertes infantiles (antes de cumplir su primer año de vida) que ocurren en Puerto Rico y señala que muchas de las muertes que ocurren durante el período neonatal (primeros 28 días de nacido) están asociadas a los nacimientos prematuros, al bajo peso al nacer y defectos congénitos.

Según este estudio, durante 2010 aproximadamente 6 de cada 1,000 nacimientos vivos en Puerto Rico fallecieron durante el período neonatal. Y, aunque en los últimos años se ha registrado descensos en este indicador (de 7.5% en el 2000 a 5.9% en 2010), aún no se alcanza la meta del objetivo del "Plan Gente Saludable 2010" [3] de reducir estas muertes a 5.4 o menos por cada 1,000 nacidos vivos a nivel Isla. Las muertes fetales o natimuertos, usualmente están asociadas con complicaciones maternas durante el embarazo, tales como problemas con el fluido amniótico y desórdenes en la sangre.

Aunque las tasas de mortalidad fetal han disminuido en los últimos años, la tasa de natimuertos por cada 1,000 nacidos vivos y muertes fetales registrada en el 2010, sigue siendo mucho más elevada (9.7%) que la indicada el objetivo del "Plan de Gente Saludable".
Estas cifras demuestran que las pérdidas de embarazos en etapas tempranas y las muertes fetales y neonatales

son una realidad para muchas familias puertorriqueñas, para quienes no se han promulgado políticas públicas que les asistan de manera adecuada. Diversos estudios han presentado hallazgos que demuestran la presencia de síntomas depresivos después de una pérdida involuntaria. Se ha indicado que en las primeras semanas después de una pérdida, el 36% de las mujeres presentan síntomas moderados a severos de depresión que disminuyeron gradualmente, pero todavía fueron elevados a los 6 meses.

La ansiedad también puede ser una reacción importante a la pérdida de un embarazo en etapa temprana y de la muerte fetal o neonatal. Un número significativo de mujeres reportan niveles elevados de ansiedad hasta 6 meses después de aborto involuntario, y también pueden estar en mayor riesgo de sufrir síntomas obsesivo-compulsivos y de trastorno de estrés postraumático. En la mayoría de los casos estas mujeres y sus familias tienen poco apoyo para hacer frente a las consecuencias de este tipo de pérdida.

Las investigaciones sobre el tema destacan que en la mayoría de los casos los profesionales de la salud no son efectivos en reconocer el efecto de la pérdida, tratándolo como un evento exclusivamente médico reduciendo así el efecto psicológico de la experiencia. En consecuencia, la falta de certeza sobre la causa de la pérdida fetal o neonatal puede dejar a las mujeres con sentimientos de inseguridad y ansiedad por un embarazo posterior.

Además, deben considerarse con sensibilidad las consecuencias de esta experiencia para la dinámica familiar, la relación de pareja e incluso los procesos de adaptación social luego de la experiencia. [4] Por lo tanto, esta Asamblea Legislativa entiende que la creación de un Comité Interdisciplinario, encargado de establecer los requisitos necesarios para la implementación de un protocolo uniforme, que atienda adecuadamente el manejo de la pérdida de embarazo en etapa temprana y de una muerte fetal o neonatal en las instituciones hospitalarias.

Esta, una iniciativa necesaria que promueve la solidaridad con las familias que enfrentan esta dolorosa experiencia y que requieran de apoyo en su proceso de duelo y, recuperación emocional.

Decrétase por la Asamblea Legislativa de Puerto Rico:
Artículo 1. — Título. (24 L.P.R.A. § 3991)

Esta Ley se conocerá como la "Ley para el establecimiento y la elaboración del protocolo uniforme a ser implementado en las instituciones hospitalarias y de salud para el manejo de la pérdida de un embarazo en etapa temprana y, de una muerte fetal o neonatal".

Artículo 2. — Política Pública. (24 L.P.R.A. § 3991a)

Será política pública del Estado Libre Asociado de Puerto Rico, promover la implementación de guías y protocolos uniformes en las instituciones hospitalarias y de salud, para ofrecer servicios de apoyo a las familias, en los casos de pérdidas de embarazos en etapa temprana, o los eventos de muerte fetal y neonatal.

Artículo 3. — Definiciones. (24 L.P.R.A. § 3991b)

a) **Embarazo en etapa temprana:** *significa el embarazo durante las primeras 20 semanas de gestación.*

b) **Muerte fetal:** *significa la muerte de 20 semanas de gestación o más.*

*c) **Muerte neonatal:*** *significa la muerte que ocurre durante el período de los primeros veintiocho (28) días de haber nacido.*

*Artículo 4. — **Nombramiento del Comité Interdisciplinario.** (24 L.P.R.A. § 3991c)*

El nombramiento de los miembros del Comité Interdisciplinario, será hecho por el (la) Secretario(a) de Salud, mediante comunicación escrita.

*Artículo 5. — **Composición del Comité Interdisciplinario.** (24 L.P.R.A. § 3991d)*

Se crea el Comité Interdisciplinario, para el manejo de la pérdida de un embarazo en etapa temprana y, de una muerte fetal o neonatal, en las instituciones hospitalarias y de salud, en el cual el Departamento de Salud, presidirá el mismo; con el fin de elaborar e implementar el protocolo uniforme a seguir en las instituciones hospitalarias y de salud; que permita atender de forma certera y precisa el manejo adecuado en el caso de la pérdida de un embarazo en etapa temprana y, de una muerte fetal o neonatal.

El mismo se conocerá como: "Comité para la elaboración e implementación del protocolo para el manejo de la pérdida de un embarazo en etapa temprana y, de una muerte fetal o neonatal, en las instituciones hospitalarias y de salud" (Comité), y estará integrado por las siguientes agencias y/o entidades:

a. *El Departamento de Salud,*
b. *Un miembro de la Asociación de Psicología Pre y Perinatal de Puerto Rico, que sea profesional de la salud mental con experiencia clínica en la práctica pública o privada.*
c. *Un(a) colegiado(a) del Colegio de Médicos Cirujanos de Puerto Rico, que mantenga práctica privada en cualquiera de las siguientes especialidades: medicina interna, perinatología, ginecología/obstetricia, pediatría, médico de familia o médico de sala de emergencias.*
d. *Un miembro de March of Dimes-Capítulo de Puerto Rico.*
e. *Un miembro de la Asociación de Hospitales de Puerto Rico.*
f. *Un(a) colegiado(a) del Colegio de Profesionales del Trabajo Social de Puerto Rico, con*

experiencia en la práctica pública o privada y nivel graduado o posgraduado.

g. Un(a) colegiado(a) del Colegio de Profesionales de la Enfermería de Puerto Rico, con experiencia clínica en la práctica pública o privada y nivel graduado o posgraduado.

Artículo 6. — (24 L.P.R.A. § 3991e)

Requisitos mínimos a ser incorporados en la elaboración e implementación del "Protocolo uniforme a ser implementado en las instituciones hospitalarias para el manejo de la pérdida de un embarazo en etapa temprana y, de una muerte fetal o neonatal" (Protocolo uniforme), dispuesto en esta Ley:

a. *Fomentar un trato empático y humanizado a los padres y otros familiares al momento de notificarles de la potencial o confirmada pérdida perinatal, al momento del parto, y en el periodo post-parto.*

b. *Comunicar claramente las opciones disponibles a los padres respetando su autonomía y derechos en la toma de decisiones relacionadas al manejo de la pérdida de un embarazo en etapa temprana y, de la muerte fetal o neonatal, siempre y cuando no se ponga en riesgo la salud o vida de la madre.*

c. *Ofrecer alternativas en el caso de que la pérdida ocurra previo a un parto, para que la mujer, tenga la oportunidad del proceso de parto natural, siempre que sea posible, y no represente un riesgo a la salud de la madre, en el contexto de salvaguardar la salud, vida y seguridad de la madre, y permitir la presencia de un acompañante.*

d. *Ofrecer, en lo posible, opciones de ritual o servicio espiritual.*

e. *Ofrecer la oportunidad a la paciente a ser transferida a un área privada fuera del área de maternidad y permitir la presencia de un acompañante.*

f. *Ofrecer apoyo, y permitir espacio y tiempo a los padres y familiares para mostrar y comunicar sus emociones y sentimientos.*

Las disposiciones de esta Ley son una guía de requisitos mínimos a ser incluidos en el "Protocolo uniforme a ser implementado en las instituciones hospitalarias para el manejo de la pérdida de un embarazo en etapa temprana y, de una muerte fetal o neonatal", dispuesto por esta Ley.

No obstante, el Comité tiene la autoridad de incluir a su discreción, cualquier otro asunto que entienda pertinente. Una vez elaborado e implementado el Protocolo uniforme, será obligación de toda institución hospitalaria y centro de salud, público o privado, cumplir con el Protocolo uniforme para el manejo de la pérdida de embarazo en etapa temprana y, de la muerte fetal o neonatal, y tenerlo disponible por escrito en su institución en cumplimiento con las disposiciones de esta Ley y; la Ley 156-2006, conocida como "Ley de Acompañamiento durante el Trabajo de Parto, Nacimiento y Post-parto". El Protocolo uniforme, debe estar disponible para todo el personal de seguridad y personal clínico que brinda servicios de salud materno infantil.

Artículo 7. — Facultad de la Secretaría Auxiliar para Reglamentación y Acreditación de Facilidades de Salud, (SARAFS). (24 L.P.R.A. § 3991f)

La Secretaría Auxiliar para Reglamentación y Acreditación de Facilidades de Salud, (SRAFS), una vez *implementado el Protocolo uniforme en las instituciones hospitalarias y de salud, tendrá la obligación de velar, porque las diferentes instalaciones de salud existentes en Puerto Rico, Vieques y Culebra, cumplan con lo dispuesto en el Protocolo uniforme.*

Artículo 8. — Cláusula de Separabilidad. (24 L.P.R.A. § 3991 nota)

Si cualquier artículo, apartado, párrafo, inciso, cláusula, sub cláusula o parte de esta Ley fuere anulada o declarada inconstitucional por un tribunal competente, la sentencia a tal efecto dictada no afectará, perjudicará, ni invalidará las restantes disposiciones y partes del resto de esta Ley.

Artículo 9. — Vigencia. (24 L.P.R.A. § 3991 nota)

Esta Ley comenzará a regir inmediatamente después de su aprobación. Sin embargo, se le brinda un término no mayor de sesenta (60) días al Comité, para la elaboración del Protocolo uniforme, pertinente a lo establecido en esta Ley.

Nota. Este documento fue compilado por personal de la Oficina de Gerencia y Presupuesto del Gobierno de

Puerto Rico, como un medio de alertar a los usuarios de nuestra Biblioteca de las últimas enmiendas aprobadas para esta Ley. Aunque hemos puesto todo nuestro esfuerzo en la preparación del mismo, este no es una compilación oficial y podría no estar completamente libre de errores inadvertidos; los cuales al ser tomados en conocimiento son corregidos de inmediato.

En el mismo se han incorporado todas las enmiendas hechas a la Ley a fin de facilitar su consulta. Para exactitud y precisión, refiérase a los textos originales de dicha ley y a la colección de Leyes de Puerto Rico Anotadas L.P.R.A. Las anotaciones en letra cursiva y entre corchetes añadidas al texto, no forman parte de la Ley; las mismas solo se incluyen para el caso en que alguna ley fue derogada y ha sido sustituida por otra que está vigente. (4)

Reflexión final del capítulo

Los hospitales desempeñan un papel fundamental en el apoyo a los dolientes a través de una variedad de programas y servicios. Desde los cuidados paliativos y el hospicio hasta el apoyo emocional y psicológico, los hospitales pueden ofrecer un acompañamiento integral y compasivo que ayuda a las personas a atravesar el difícil proceso del duelo. Al invertir en la capacitación y el bienestar del personal, los hospitales también pueden asegurar que los profesionales de la salud estén preparados para proporcionar el mejor cuidado posible, mientras cuidan su propio bienestar emocional.

Estos esfuerzos no solo mejoran la calidad de vida de los pacientes y sus familias, sino que también fortalecen la capacidad de los hospitales para proporcionar un cuidado verdaderamente compasivo y efectivo. Este capítulo proporciona una visión detallada y comprensiva de cómo las instituciones hospitalarias pueden apoyar a los dolientes, incluyendo programas específicos, capacitación para el personal y estudios de caso que ilustran la implementación de estos programas en la práctica.

J.J. ROSARIO PHD.

4
Apoyo de las instituciones religiosas

Enfoques religiosos en el manejo del duelo, programas de apoyo de las comunidades de fe, importancia del apoyo espiritual en el proceso de duelo.

Capítulo 4

Apoyo de las instituciones religiosas

Las comunidades de fe han desempeñado un papel vital en el apoyo a las personas que están atravesando el proceso de duelo. A lo largo de la historia, las religiones y las instituciones basadas en la fe han ofrecido consuelo, orientación y un sentido de comunidad a quienes enfrentan la pérdida de un ser querido. Este capítulo explora cómo las diversas comunidades de fe abordan el duelo, los recursos y servicios que ofrecen, y la importancia del apoyo espiritual en el proceso de sanación.

Enfoques religiosos en el manejo del duelo

Cada tradición religiosa tiene sus propias *creencias, rituales y prácticas* que guían a sus seguidores en el proceso de duelo. Estas prácticas no solo proporcionan un marco para enfrentar la pérdida, sino que también ayudan a los dolientes a encontrar significado y consuelo. Desde las diferencias agrupaciones religiosas podemos evaluar los modelos en que cada una ofrece para un manejo efectivo del duelo y así cuáles son las expectativas de proyección futura según su base filosófica y de culto.

Cristianismo

En el cristianismo, la muerte se percibe como una transición hacia la vida eterna con Dios. Esta creencia fundamental proporciona una fuente de consuelo y esperanza para los dolientes, quienes confían en que sus seres queridos están en un lugar mejor.

- ***Rituales y ceremonias.*** Los rituales cristianos, como el servicio fúnebre, las misas de réquiem y las oraciones por los difuntos, son esenciales para el proceso de duelo. Estas ceremonias ofrecen un espacio para expresar el dolor, celebrar la vida del fallecido y reafirmar la fe en la vida eterna.

- **_Apoyo pastoral._** Los líderes religiosos, como pastores y sacerdotes, desempeñan un papel crucial en proporcionar apoyo emocional y espiritual a los dolientes. Las visitas pastorales, la consejería y la oración son algunas de las formas en que los líderes cristianos apoyan a sus comunidades en tiempos de duelo.

- **_Grupos de apoyo._** Muchas iglesias ofrecen grupos de apoyo para el duelo, donde los miembros pueden compartir sus experiencias, recibir consuelo y fortalecer su fe. Estos grupos son una fuente vital de apoyo comunitario y espiritual.

Islam

En el islam, la muerte es vista como una parte natural del ciclo de la vida y una transición hacia el más allá. Los rituales islámicos están diseñados para honrar al fallecido y proporcionar consuelo a los dolientes.

- **_Rituales fúnebres._** Los rituales islámicos incluyen la recitación del Corán, las oraciones fúnebres y el entierro inmediato del cuerpo. Estos rituales proporcionan un marco estructurado para el duelo y ayudan a los dolientes a encontrar consuelo en su fe.

- **Apoyo comunitario.** La comunidad islámica juega un papel central en el apoyo a los dolientes. Las visitas a la familia del fallecido, las comidas compartidas y las oraciones comunitarias son formas comunes de expresar solidaridad y apoyo.

- **Consejería espiritual.** Los líderes religiosos islámicos, como los imanes, ofrecen orientación y apoyo espiritual a los dolientes. La consejería espiritual puede incluir la recitación de versos del Corán, la oración y el apoyo emocional.

Hinduismo

El hinduismo ve la muerte como una transición del alma de un cuerpo a otro dentro del ciclo de reencarnación. Los rituales hindúes están diseñados para ayudar al alma del fallecido a alcanzar la liberación y proporcionar consuelo a los dolientes.

- ***Rituales de cremación.*** La cremación es el método preferido para disponer del cuerpo en el hinduismo. Los rituales de cremación y las ceremonias son esenciales para ayudar al alma a alcanzar la liberación y para proporcionar consuelo a los dolientes.

- **Apoyo familiar y comunitario.** La familia y la comunidad desempeñan un papel central en el proceso de duelo hindú. Las oraciones, las ceremonias y las visitas comunitarias son formas comunes de apoyar a los dolientes.

- ***Consejería espiritual.*** Los líderes religiosos hindúes, como los sacerdotes, brindan orientación y apoyo espiritual a los dolientes. La consejería espiritual puede incluir la recitación de mantras, la meditación y la explicación de las enseñanzas hindúes sobre la vida y la muerte.

Budismo

En el budismo, la muerte es vista como una parte natural del ciclo de nacimiento, muerte y renacimiento. Los rituales budistas están diseñados para ayudar al alma del fallecido y proporcionar consuelo a los dolientes.

- *Rituales de muerte y renacimiento*: Los rituales budistas pueden incluir la meditación, la recitación de sutras y las ceremonias de mérito. Estos rituales ayudan a los dolientes a aceptar la impermanencia de la vida y a encontrar paz.

- *Apoyo Comunitario.* La comunidad budista juega un papel importante en el apoyo a los dolientes. Las ceremonias comunitarias, las oraciones y las visitas son formas comunes de expresar solidaridad y apoyo.

- *Consejería espiritual.* Los monjes y maestros budistas proporcionan orientación y apoyo espiritual a los dolientes. La consejería espiritual puede incluir la meditación guiada, la enseñanza de las doctrinas budistas y el apoyo emocional.

Judaísmo

El judaísmo tiene una serie de rituales bien definidos para el duelo, incluyendo la shivá (un período de siete días de luto), el kaddish (una oración específica para los dolientes) y la visita a la tumba en el aniversario de la muerte.

- **Rituales de duelo.** Los rituales de duelo judíos, como la shivá y la recitación del kaddish, proporcionan una estructura y un marco para el duelo. Estos rituales ayudan a los dolientes a expresar su dolor y encontrar consuelo en su fe.

- **Apoyo comunitario.** La comunidad judía juega un papel crucial en el apoyo a los dolientes. Las visitas comunitarias, las comidas compartidas y las oraciones comunitarias son formas comunes de expresar solidaridad y apoyo.

- **Consejería espiritual**: Los rabinos y otros líderes religiosos judíos proporcionan orientación y apoyo espiritual a los dolientes. La consejería espiritual puede incluir la recitación de oraciones, la enseñanza de las doctrinas judías y el apoyo emocional.

Más allá del enfoque religioso: El enfoque evangélico

1. De ministro a ministro y de pastor a pastor (Testimonio)

A principios de los años 80 el Señor me llamó al ministerio pastoral. Aquella experiencia fue sumamente interesante y llena de sorpresas. Apenas tenía 29 años y escasa experiencia cuando me asignaron como pastor de una iglesia en una zona rural al este de Puerto Rico. Aunque mi corazón se llenó de emoción ante esta hermosa oportunidad, también enfrenté el desafío de asistir a **tres funerales durante mi primer mes como pastor**. Recuerdo los malabares mentales que tuve que hacer para mantener el control y superar mis nervios debido a la inexperiencia.

Solo pude enfrentar aquel reto con la asistencia de Dios y un profundo deseo de identificarme con el pueblo que

Él había confiado en mis manos. Esta experiencia marcó mi vida pastoral, dejándome claro que debía dedicar más tiempo al duelo por las pérdidas de mis hermanos, que a cualquier otra actividad como líder pastoral.

¡Tres funerales en un mes! Además de eso, enfrenté muchas otras situaciones que requerían palabras de consuelo, consejos, abrazos y momentos de empatía para nuestros hermanos en crisis.

A pesar de los años (ahora han pasado 40) y de estar en otra asignación pastoral, sigo moviéndome entre la comunidad de fe que lidero, siempre alerta ante cualquier evento que afecte a una familia o cause una pérdida en nuestra comunidad. Sin embargo, el corazón que Dios ha diseñado en nosotros solo late por la compasión hacia los necesitados y aquellos que estén en duelo. No hay espacio para la vanidad o el protagonismo artístico, solo para la empatía y la acción, cuando se necesita.

Quienes han vivido el evangelio centrado en Cristo reconocen como guía los principios descritos en Lucas 4, basados en Isaías 61. El Señor leyó: "El Espíritu del Señor está sobre mí, por cuando me ha ungido para dar buenas nuevas a los pobres; **me ha enviado a sanar a los quebrantados de corazón**, a pregonar libertad... a predicar el año agradable del Señor". Esto nos enseña que los días, meses y años solo son agradables, si nuestro servicio incluye sanar a los quebrantados de corazón. Esa es la esencia del acompañamiento pastoral y ministerial.

2. Psicología cristiana o consejería bíblica

En la comunidad ministerial y pastoral, ha habido un debate prolongado sobre la consejería cristiana versus la psicología cristiana. Algunos creen que la consejería bíblica es suficiente, mientras que otros opinan que no es adecuada para manejar emergencias psicológicas o duelos profundos. Aquí es donde entra en juego la psicología cristiana.

Como pastor evangélico, y sin menospreciar los avances de la psicología moderna, he visto resultados sorprendentes al combinar la atención a situaciones críticas con una orientación espiritual basada en la Palabra de Dios. Si mi compromiso pastoral y ministerial requiere fe, entonces también mi acompañamiento a quienes sufren debe estar impregnado de esa fe, la Palabra del Señor y la Presencia de su Espíritu Santo.

Creo firmemente que la Palabra de Dios (la Biblia) es "viva y eficaz y más cortante que toda espada de dos filos" (Hebreos 4:12). Por lo tanto, estoy convencido del poder que ella posee y emana, el cual ha bendecido, restaurado y sostenido millones de vidas necesitadas, entre las cuales me incluyo. Sin embargo, es importante destacar que menospreciar la participación de las ciencias conductuales y psicológicas en nuestro ministerio no solo es un error, sino también una necedad, considerando los testimonios de ayuda que han brindado a tantas personas en necesidad mental y emocional.

En este sentido, cada individuo determina su enfoque al acompañar, sin descartar otras formas de ayuda. No obstante, la meta suprema para todo cristiano que ofrece apoyo en momentos de pérdida, dolor o angustia debe ser la sanidad interior. Como expresaba el apóstol, debemos esforzarnos para que "... todo vuestro ser espíritu, mente y cuerpo, sean hallados irreprensibles ante Dios" (1Tes. 5:23). Esta sanidad interior solo se logra al reconocer la Palabra de Dios como un recurso suficiente.

3. Imitando al Señor Jesús

La mayor satisfacción para un cristiano evangélico es sentir que su labor está guiada por el consejo y la dirección del Señor Jesucristo. Ser imitador de Jesús es la meta suprema para quienes se consideran sus seguidores incondicionales. Por lo tanto, todos los que le sirven están influenciados por su doctrina y su ejemplo.

Nadie expresó mayor empatía por la humanidad que Jesús. Su paso por la tierra estableció un nuevo orden, el del Reino de su Padre Celestial. La compasión se manifestó "viendo las gentes que eran como ovejas que no tienen pastor" (Mateo 9:36). Eso significa que, en medio de la desorientación, la angustia y el dolor, siempre habrá quienes deseen intervenir para brindar atención y cuidado.

Un ejemplo conmovedor es cuando Jesús llegó a Betania, al hogar de su amado amigo Lázaro, quien había fallecido hacía cuatro días. A pesar de las posibles críticas de las hermanas de Lázaro, Jesús estaba allí para ofrecer un abrazo solidario, extender la mano de amistad y acompañar a Marta y María en su dolor y desesperación. Su demora tenía un propósito: que "la gloria y el poder de Dios se manifestará en él" (Juan 11:4)

Aunque la visita era la de un amigo entrañable, Jesús también deseaba dejarles una palabra de esperanza: "Yo soy la resurrección y la vida, el que cree en mí, aunque esté muerto vivirá (Juan 11:25). Esta poderosa declaración, aunque Marta no la comprendió completamente en ese momento, sigue siendo fuente de sanidad para todos los que depositan su confianza en Jesús. Cuando vemos a Jesús consolando a los quebrantados de corazón y llorando con ellos, nos identificamos con él y nos acercamos al corazón de Dios.

Programas de Apoyo de las Comunidades de Fe

Las comunidades de fe ofrecen una variedad de programas y servicios diseñados para apoyar a los dolientes. Estos programas no solo proporcionan consuelo y orientación espiritual, sino que también ayudan a los dolientes a encontrar sentido y propósito en su experiencia de pérdida. De hecho, estas comunidades de fe establecen un seguimiento continuo para mantener vivo el compromiso de lograr la sanidad interior plena.

Grupos de Apoyo para el Duelo

Muchas comunidades de fe ofrecen grupos de apoyo para el duelo, donde los miembros pueden compartir sus experiencias, recibir consuelo y fortalecer su fe. Estos grupos son una fuente vital de apoyo comunitario y espiritual. Algunos beneficios que se pueden obtener en un grupo de apoyo para el duelo:

- ***Compartir Experiencias.*** Los dolientes pueden compartir sus historias y escuchar las experiencias de los demás. Este intercambio puede ser increíblemente reconfortante y alentador.

- **Sentido de Comunidad.** Formar parte de un grupo de apoyo ayuda a los dolientes a sentirse menos aislados y solos en su dolor. Saber que no están solos en su experiencia proporciona un gran consuelo.

- **Apoyo Mutuo.** Los miembros de los grupos de apoyo a menudo desarrollan fuertes lazos y pueden ofrecerse apoyo emocional y práctico entre sí. Esta red de apoyo mutuo puede ser una fuente vital de fortaleza y esperanza.

Consejería Espiritual

La consejería espiritual es un componente clave del apoyo al duelo proporcionado por las comunidades de fe. Los líderes religiosos ofrecen orientación y apoyo emocional a los dolientes, ayudándoles a encontrar consuelo en su fe.

- ***Consejería Individual.*** Proporciona un espacio seguro y confidencial para que los dolientes exploren sus emociones y pensamientos relacionados con la pérdida. Los líderes religiosos pueden ayudar a las personas a encontrar consuelo en su fe y a desarrollar estrategias de afrontamiento saludables.

- ***Consejería Familiar.*** Ofrece un espacio para que los miembros de la familia trabajen juntos en el procesamiento de su dolor. Un líder religioso puede ayudar a las familias a comunicarse de manera más efectiva, resolver conflictos y apoyarse mutuamente.

- ***Consejería Grupal.*** Permite a los dolientes conectarse con otros que están pasando por experiencias similares. Este tipo de apoyo puede ser particularmente valioso, ya que proporciona una sensación de comunidad y pertenencia.

- ***Servicios Fúnebres.*** Son oportunidades para que la comunidad se reúna, celebre la vida del fallecido y ofrezca consuelo a los dolientes. Estos servicios a menudo incluyen oraciones, lecturas de textos sagrados y homenajes personales.

- **Vigilias y Oraciones.** Las vigilias y oraciones comunitarias son una forma de mostrar solidaridad y apoyo a los dolientes. Estos rituales pueden incluir la recitación de oraciones, cantos y momentos de silencio y reflexión.

- **Ceremonias Conmemorativas.** Las ceremonias conmemorativas, como los aniversarios de la muerte, proporcionan una oportunidad para recordar y honrar al fallecido. Estos rituales ayudan a los dolientes a mantener viva la memoria de sus seres queridos y a encontrar consuelo en su fe.

Importancia del apoyo espiritual en el proceso de duelo

El apoyo espiritual es un componente crucial del proceso de duelo. La fe puede proporcionar consuelo, esperanza y un sentido de propósito a los dolientes, ayudándoles a encontrar sentido en su experiencia de pérdida. Algunos conceptos espirituales que pueden ser de ayuda para el doliente:

Consuelo y esperanza

La fe puede ofrecer un profundo consuelo y esperanza a los dolientes, ayudándoles a enfrentar el dolor y la tristeza. Las creencias religiosas sobre la vida después de la muerte y la conexión espiritual pueden proporcionar un sentido de paz y aceptación en medio del duelo.

- ***Vida Después de la Muerte.*** Muchas tradiciones religiosas enseñan que la muerte es una transición hacia otra forma de existencia. Esta visión puede brindar consuelo a los dolientes, quienes encuentran alivio en la esperanza de que sus seres queridos están en un lugar mejor.

- **Reencarnación y ciclo de vida.** En tradiciones como el hinduismo y el budismo, la reencarnación y el ciclo de vida y muerte son conceptos centrales. Estas creencias pueden ayudar a los dolientes a aceptar la muerte como una parte natural del ciclo de la vida. Aun cuando el cristianismo no comulgue con estas creencias, se reconoce la libertad de cada cual para creer en determinadas posturas filosóficas o religiosas.

- **Conexión Espiritual.** La fe puede proporcionar un sentido de conexión espiritual con el fallecido, en el sentido de su conocimiento de una vida eterna. Las oraciones, los rituales y las ceremonias permiten a los dolientes sentir que sus seres queridos continúan presentes en espíritu, brindándoles guía y consuelo.

Sentido y Propósito

El duelo puede ser una experiencia profundamente transformadora, que desafía a los dolientes a encontrar un nuevo sentido y propósito en la vida. La fe puede servir como un marco para este proceso de búsqueda, ayudando a encontrar significado en la pérdida.

- **Creencias y enseñanzas religiosas.** Las enseñanzas religiosas pueden ofrecer una guía sobre cómo enfrentar la pérdida y encontrar sentido en el sufrimiento. Las escrituras, textos sagrados y las doctrinas religiosas proporcionan una base sólida para la reflexión y la comprensión durante el proceso de duelo.

- **Rituales y prácticas espirituales.** Los rituales y prácticas espirituales, como la oración, la meditación y la reflexión, pueden ayudar a los dolientes a encontrar un nuevo sentido de propósito y dirección. Estas prácticas brindan un espacio para la introspección y la búsqueda de significado.

- ***Servicio y Comunidad.*** El servicio a los demás y la participación en la comunidad de fe pueden ofrecer un sentido de propósito y pertenencia. El apoyo mutuo y la solidaridad con otros dolientes ayudan a encontrar un nuevo propósito en la vida y fortalecer el sentido de comunidad.

Estudios de Caso

Apoyo de las Comunidades de Fe

Para ilustrar cómo las comunidades de fe brindan apoyo en el duelo, se presentan dos estudios de caso:

Estudio de Caso 1
Las iglesias cristianas (Evangélicas)

Muchas iglesias cristianas han desarrollado programas integrales de apoyo al duelo que impactan significativamente en la vida de sus miembros. Entre estos programas se encuentran:

- ***Grupos de apoyo para el duelo.*** Ofrecen espacios seguros para adultos, niños y adolescentes, donde se puede compartir experiencias, recibir consuelo y fortalecer la fe.

- ***Consejería espiritual.*** Los líderes religiosos, como pastores y consejeros, brindan apoyo emocional y espiritual a través de sesiones individuales, familiares y grupales.

- ***Rituales y ceremonias.*** Servicios fúnebres, vigilias y ceremonias conmemorativas ayudan a los dolientes a expresar su dolor y hallar consuelo en su fe.

Estudio de Caso 2

La comunidad islámica

La comunidad islámica ha implementado un programa de apoyo al duelo que transforma la forma en que sus miembros enfrentan la pérdida.

- ***Rituales islámicos.*** La comunidad sigue estrictamente los rituales islámicos de duelo, incluyendo la recitación del Corán, las oraciones fúnebres y el entierro inmediato del cuerpo. Estos rituales proporcionan un marco estructurado para el duelo.

- *Apoyo comunitario.* La comunidad islámica ofrece visitas comunitarias, comidas compartidas y oraciones comunitarias para expresar solidaridad y apoyo a los dolientes.

- *Consejería espiritual*. Los imanes y otros líderes religiosos ofrecen orientación espiritual a través de la recitación de versos del Corán, la oración y el apoyo emocional.

Reflexión final del capítulo

Las comunidades de fe desempeñan un papel crucial en el apoyo a los dolientes mediante una variedad de programas y servicios. Desde grupos de apoyo y la consejería espiritual hasta rituales y ceremonias, estas comunidades ofrecen un apoyo integral y compasivo que facilita la navegación del difícil proceso del duelo.

Al proporcionar consuelo, esperanza y un sentido de propósito, las comunidades de fe fortalecen la capacidad de los dolientes para encontrar paz y sanación en su experiencia de pérdida. Estos esfuerzos no solo mejoran la calidad de vida de los dolientes, sino que también fortalecen el tejido de la comunidad, promoviendo un sentido de solidaridad y apoyo mutuo.

J.J. ROSARIO PHD.

5
Apoyo desde la perspectiva sociológica

El duelo en contexto sociológico, desafíos y oportunidades en el apoyo sociológico al duelo, cinco niveles de intervención, tiempos recomendados de las visitas para la prevención y la valoración, consejería y duelo.

Capítulo 5

Apoyo desde la perspectiva sociológica

El duelo es una experiencia universal que se manifiesta de diversas formas según el contexto cultural, social y personal. La sociología, como disciplina, ofrece una perspectiva única para comprender cómo las normas, valores y estructuras sociales influyen en la experiencia del duelo y en las formas en que las personas y las comunidades enfrentan la pérdida. Este capítulo explora el duelo desde una perspectiva psicosociológica, analizando cómo las instituciones sociales, las redes de apoyo y los recursos comunitarios contribuyen al manejo del duelo.

El duelo en contexto sociológico

El duelo no solo es una experiencia individual sino también un fenómeno social. Las formas en que las personas experimentan y expresan el duelo están influenciadas por las normas y expectativas de sus culturas y sociedades.

Normas Culturales y Sociales

Las normas culturales y sociales dictan cómo se debe enfrentar la muerte y el duelo. Estas normas pueden variar significativamente entre diferentes culturas y comunidades, y tienen un impacto profundo en cómo las personas expresan su dolor y buscan consuelo.

- *Rituales y prácticas.* Cada cultura tiene sus propios rituales y prácticas asociadas con la muerte y el duelo. Estos rituales proporcionan un marco estructurado para la expresión del dolor y la conmemoración del fallecido. Por ejemplo, algunas culturas valoran el llanto y la lamentación pública como formas aceptables de expresar el dolor, mientras que otras prefieren la contención y la serenidad.

- *Expectativas de género.* Las expectativas de género también juegan un papel importante en la experiencia del duelo. En muchas sociedades, se espera que los hombres sean más reservados en la expresión de sus emociones, mientras que las mujeres pueden tener más libertad para expresar su dolor abiertamente.

- ***Tabúes y creencias***. Algunas culturas tienen tabúes y creencias específicas relacionadas con la muerte que pueden influir en cómo se maneja el duelo. Por ejemplo, en ciertas culturas, hablar de la muerte es un tabú, lo que puede dificultar la expresión del dolor y la búsqueda de apoyo.

Redes de apoyo social

Las redes de apoyo social son cruciales para ayudar a los dolientes a enfrentar la pérdida. Estas redes incluyen la familia, los amigos, los compañeros de trabajo y las comunidades más amplias. La calidad y el alcance de estas redes pueden tener un impacto significativo en el proceso de duelo.

- ***Familia y amigos***. La familia y los amigos suelen ser las primeras fuentes de apoyo para los dolientes. Ofrecen consuelo emocional, ayuda práctica y un sentido de pertenencia. Las dinámicas familiares y las relaciones personales pueden influir en cómo se maneja el duelo.

- **Comunidad y vecindario**. La comunidad y el vecindario también pueden ofrecer un apoyo significativo. Las relaciones comunitarias proporcionan un sentido de solidaridad y pertenencia, y las actividades comunitarias pueden ofrecer distracción y consuelo.

- **Redes profesionales**. Las redes profesionales, como los compañeros de trabajo y los empleadores, pueden brindar apoyo práctico y emocional. Políticas laborales que permiten tiempo libre para el duelo y flexibilidad en el trabajo pueden ser de gran ayuda para los dolientes.

Instituciones y recursos comunitarios

Las instituciones y los recursos comunitarios juegan un papel crucial en el apoyo a los dolientes. Estas instituciones incluyen organizaciones de apoyo al duelo, servicios de salud mental, programas comunitarios y servicios de voluntariado.

- ***Organizaciones de apoyo al duelo.*** Las organizaciones dedicadas al apoyo del duelo ofrecen una variedad de servicios como grupos de apoyo, consejería y recursos educativos. Proporcionan un espacio seguro donde los dolientes pueden compartir sus experiencias y recibir el apoyo necesario.

- ***Servicios de salud mental.*** Los servicios de salud mental, que incluyen la terapia individual y grupal, son fundamentales para el apoyo a los dolientes. Los profesionales en este campo ayudan a las personas a procesar su dolor, desarrollar estrategias de afrontamiento y manejar los síntomas como la depresión y la ansiedad.

- ***Programas comunitarios.*** Los programas comunitarios, tales como talleres de manejo del duelo y eventos conmemorativos, ofrecen recursos educativos y oportunidades para la conexión social. Estos programas pueden ayudar a los dolientes a sentirse menos aislados y más respaldados.

- ***Voluntariado y servicio comunitario.*** El voluntariado y el servicio comunitario brindan a los dolientes una forma de encontrar sentido y propósito en su dolor. Ayudar a otros puede ofrecer consuelo y una manera de honrar la memoria de sus seres queridos.

Estudio de casos

Apoyo sociológico al duelo

Para ilustrar cómo las instituciones y recursos comunitarios apoyan a los dolientes, presentamos dos estudios de caso:

Estudio de Caso 1

El Centro de Apoyo al Duelo de la Ciudad

El Centro de Apoyo al Duelo de la Ciudad ha desarrollado un programa integral para apoyar a los dolientes en la comunidad.

- *Grupos de Apoyo.* El centro ofrece una variedad de grupos de apoyo para diferentes tipos de pérdida, como la pérdida de un cónyuge, un hijo o por suicidio. Estos grupos brindan un espacio seguro para compartir experiencias y encontrar consuelo.

- *Consejería Individual.* Se ofrece consejería individual para quienes necesitan un apoyo más personalizado. Los consejeros están capacitados para ayudar a procesar el dolor y desarrollar estrategias de afrontamiento efectivas.

- *Programas Educativos.* El centro organiza talleres y seminarios sobre el manejo del duelo, proporcionando herramientas prácticas y recursos educativos para enfrentar la pérdida.

- **Eventos Conmemorativos.** Se realizan eventos conmemorativos anuales, como vigilias de velas y ceremonias de plantación de árboles, brindando a los dolientes la oportunidad de honrar la memoria de sus seres queridos.

Estudio de Caso 2

La Iniciativa Comunitaria de Apoyo al Duelo

La Iniciativa Comunitaria de Apoyo al Duelo es un programa dirigido por voluntarios que brinda apoyo en áreas rurales y de bajos recursos. Esta iniciativa está incluye:

- **Red de voluntarios**. La iniciativa cuenta con una red de voluntarios capacitados que ofrecen apoyo emocional y práctico a los dolientes. Los voluntarios visitan a los dolientes, brindan compañía y ayudan con tareas cotidianas.

- ***Grupos de apoyo comunitarios.*** Se organizan grupos de apoyo en distintas localidades, proporcionando un espacio para compartir experiencias y recibir apoyo de vecinos y amigos.

- ***Programas de salud mental.*** Se colabora con profesionales de la salud mental para ofrecer sesiones de terapia gratuita o a bajo costo, ayudando a manejar los síntomas de depresión y la ansiedad relacionados con el duelo.

- ***Recursos educativos.*** Se distribuyen materiales educativos sobre el manejo del duelo, incluyendo folletos, libros y recursos en línea, para proporcionar información práctica y consejos útiles.

Desafíos y oportunidades en el apoyo sociológico al duelo

Aunque las instituciones y los recursos comunitarios brindan un apoyo invaluable enfrentan diversos desafíos:

- **Acceso a los recursos.** No todas las comunidades tienen acceso equitativo a los recursos de apoyo al duelo. Las áreas rurales y de bajos recursos a menudo carecen de servicios adecuados, dejando a los dolientes sin el apoyo necesario.

- **Estigma y tabúes.** En algunas culturas, el duelo y la búsqueda de apoyo emocional pueden estar estigmatizados. Este estigma puede impedir que los dolientes busquen la ayuda que necesitan.

- *Capacitación y recursos*. Las organizaciones de apoyo al duelo a menudo enfrentan limitaciones en capacitación y recursos. La falta de personal capacitado y de financiación adecuada puede limitar la capacidad de estas organizaciones para ofrecer apoyo efectivo.

Oportunidades

- *Innovación en programas de apoyo*. Las organizaciones y comunidades tienen la oportunidad de innovar en sus programas de apoyo al duelo, desarrollando enfoques y recursos nuevos que respondan a las necesidades específicas de sus miembros. Esta innovación puede incluir la integración de la tecnología, la personalización de los servicios y la creación de nuevas estrategias para abordar el duelo.

- ***Colaboración y alianzas.*** La colaboración entre diferentes organizaciones y sectores puede fortalecer el apoyo al duelo. Alianzas entre instituciones de salud, organizaciones de apoyo al duelo, comunidades de fe y grupos comunitarios pueden proporcionar un enfoque más integral y coordinado, mejorando así el soporte disponible para los dolientes.
- ***Educación y sensibilización.*** Incrementar la educación y la sensibilización sobre el duelo puede reducir el estigma y fomentar una cultura de apoyo. Las campañas de sensibilización y los programas educativos pueden promover una mayor comprensión y aceptación del duelo, ayudando a las personas a abordar la pérdida de manera más abierta y saludable.

Elementos psicológicos que acompañan el duelo (Tomado de Autores- 2024)

Contexto

"La muerte de un ser querido es una experiencia dolorosa que sitúa a la persona ante la vivencia de reacciones de tipo físico, emocional, social y espiritual. Puede oscilar desde un sentimiento transitorio de tristeza hasta una sensación de desgarro y de desolación completa; y en los casos más graves, puede durar años e incluso toda la vida. El proceso de duelo supone una reacción adaptativa ante la muerte del ser querido (a menudo con intensa pena y dolor emocional), que obliga al superviviente a rehacer su vida desde una perspectiva diferente.

El duelo es el proceso de asimilar una pérdida, es un proceso psicológico y habitualmente no psicopatológico con repercusión en la vida de la persona y su entorno, a todos los niveles. Estar transitoriamente triste (una situación emocional normal) no significa estar deprimido (un cuadro clínico). Los recursos psicológicos de la persona, el paso del tiempo, el apoyo familiar y social y la reanudación de la vida cotidiana suelen ser suficientes para asimilar la pérdida y readaptarse a las nuevas circunstancias.

Pero cuando esto no es así, es decir, cuando la persona no cuenta con recursos psicológicos suficiente, o utiliza estrategias de afrontamiento erróneas, experimenta un alto sufrimiento y no recupera su funcionalidad previa, es entonces cuando el duelo se complica y la persona puede necesitar ayuda externa para recuperarse y readaptarse a la vida cotidiana. Cada fallecimiento afecta, como media, a 10 personas.
De estos, el 10 y el 30 por ciento de los dolientes pasarán por un duelo complicado. Sin una prevención adecuada, el duelo complicado puede pasar a ser patológico. Según los estudios, el siete por ciento de los dolientes terminan desarrollando un duelo patológico. Este se caracteriza por manifestaciones físicas (falta de apetito, alteraciones del sueño o diversas quejas somáticas), conductuales (llanto incontrolado, aislamiento o cansancio), cognitivas (pensamientos obsesivos, baja autoestima o autorreproches) o

afectivas (ansiedad, hostilidad o anhedonia) que acompañan al duelo.

Las complicaciones del duelo se pueden asociar a problemas de depresión, ansiedad, crisis generalizadas, abuso de alcohol, psicofármacos, cardiovasculares o tóxicos, e incluso conductas suicidas. El sufrimiento generado por la pérdida en el doliente incide directamente en nuestro sistema sanitario, con una mayor demanda de servicios sanitarios en especial en atención primaria (AP).

Una de cada tres consultas en AP tiene origen psicológico, de estos casos una cuarta parte se ha desencadenado por algún tipo de pérdida. La tasa promedio anual de consultas al centro de salud es un 80% más alta en los dolientes. Todos estos datos, ponen de manifiesto que los dolientes recurren al sistema sanitario en busca de ayuda y que el malestar generado por la pérdida tiene implicaciones a nivel físico, psicológico, espiritual y social.

La prevención del duelo patológico pasa por la detección temprana de los factores de riesgo de duelo complicado y la derivación a salud mental de aquellos casos detectados. Las enfermeras de atención primaria se encuentran en una posición privilegiada para realizar esta detección precoz, dado su conocimiento de la comunidad, su proximidad al doliente y su acceso al domicilio y al entorno.

Este acceso es fundamental para valorar la funcionalidad del doliente, puesto que en la visita al domicilio del doliente es posible valorar la normalización de las tareas domésticas, el cuidado de la casa y la relación del doliente con los objetos personales del fallecido, entre otras cosas.

Este protocolo tiene como objetivo establecer una guía básica de diferenciación entre duelo normal y duelo complicado, ofreciendo las herramientas básicas para acompañar e identificar los casos en los que el proceso de duelo se puede complicar y sea necesaria la derivación a recursos específicos de intervención psicológica.

Para identificar de esta manera el riesgo de duelo complicado y prevenir la aparición de duelo patológico, interviniendo en el posible problema de forma precoz para prevenir posibles complicaciones derivadas del duelo". (5)

Manifestaciones normales que pueden aparecer en el duelo según Worden

Duelo normal (DN)

Sentimientos. Tristeza, culpa, bloqueo/insensibilidad, ansiedad/fatiga, soledad/anhelo, impotencia, liberación/alivio y confusión.

Sensaciones físicas. Opresión en el pecho, opresión en la garganta, hipersensibilidad al ruido, falta de aire, debilidad muscular, falta de energía, sequedad de boca, vacío en el estómago y sensación de despersonalización.

Conductas. Soñar con el fallecido, evitar recordatorios del fallecido, suspirar, llorar, atesorar objetivos que pertenecían a la persona fallecida, buscar y llamar en voz alta.

Pensamientos. *Incredulidad, confusión, preocupación, alucinaciones breves y fugaces y un sentido de presencia.*

Duelo complicado (DC)

Duelo que no sigue el curso normal, interfiere sensiblemente en el funcionamiento general de la persona, comprometiendo su salud, pudiendo durar años e inclusive cronificarse indefinidamente. La persona está desbordada, recurre a conductas desadaptativas o permanece en este estado sin avanzar en el proceso de duelo hacia su resolución.
Básicamente, el duelo normal no interfiere en la vida del doliente y el duelo complicado si lo hace. El duelo patológico interfiere con el funcionamiento normal de la persona afectada. Por eso es importante seguir, detectar y derivar de forma precoz el duelo complicado, para evitar que el/la doliente, llegue a desarrollarlo.

En la siguiente descripción aparecen las diferencias entre duelo normal y complicado. El manual de diagnóstico de los trastornos mentales en su quinta edición, DSM-5 18 contempla el "duelo no complicado" como una reacción normal ante la muerte de un ser querido, que puede ocasionar síntomas similares a la depresión mayor. Y define el trastorno de "duelo complejo persistente" por la presencia de pena intensa y persistente y reacciones de luto.

En marzo de 2022 se editó la última revisión de dicho manual, DSM-5-TR19, incorporando el "trastorno por duelo prolongado" cuya característica principal viene dada por la duración y la intensidad del síndrome psicológico: "presencia continua de dolor emocional intenso, que afecta el sentido de identidad, con conductas evitativas, y dificultad para continuar con una vida normalizada, desde la muerte del ser querido producida 12 meses antes".

Aunque se han utilizado diferentes términos para indicar dificultades que se pueden producir en el proceso del duelo, hemos optado por el término "duelo complicado" (y no "duelo patológico") ya que en nuestra opinión refleja de un modo más adecuado la problemática de la que hablamos.

1. Duelo normal (DN)

Aparece a los pocos días del fallecimiento. Incapacitante durante días. Negar aspectos de la muerte: circunstancias, idealización del fallecido. Negar la muerte. Identificarse con el fallecido (imitando rasgos, atesorando pertenencias...). Oír la voz, oler al fallecido de forma efímera y momentánea. Reconocer que no es real. Padecer síntomas somáticos similares a los que causaron la muerte del ser querido (identificación). Desarrollar conductas como luto temporal.

2. Duelo complicado (DC)

Aparece semanas o varios meses después/No aparece. Incapacitante durante semanas. Negar la muerte, cree que vive. Creer que es el fallecido. Alucinaciones complejas estructuradas. Creer que va a morir de la misma enfermedad (Acudir frecuentemente al médico). Establecer conductas anormales. (6)

3. Qué decir y qué no decir

La atención durante el proceso de final de vida y los primeros momentos tras el fallecimiento, así como la atención durante el mismo son de gran importancia, pueden marcar la diferencia entre un duelo normal y un duelo complicado. Por eso es muy importante tener en cuenta, aquellas expresiones, que podemos decir, pero sobre todo lo que no debemos decir.

¿Qué decir?

Lo siento mucho. Te acompaño en el sentimiento. ¿Cómo te sientes? Has cuidado muy bien de él/ella. Puedes contar con el equipo. ¿Necesitas algo? ¿Cómo puedo ayudarte? Llorar es bueno y expresar cómo te sientes también. Se vale llorar.

¿Qué no decir?

Sé cómo te sientes. Mientras hay vida hay esperanza. Aún eres joven. Ahora ya descansan los dos. Lo llevarás bien, eres fuerte. Así es la vida. Podría haber sido peor. Tranquila/o el tiempo todo lo cura. No somos nadie. Con *lo buena/o que era. Lo siento en el alma. No te preocupes. No llores.*

4. Prevención y seguimiento.

La prevención de un duelo complicado viene dada por la identificación de factores de riesgo que pueden dificultar la adaptación y recuperación de la vida funcional de la persona. Tal como se ha indicado, el duelo complicado interfiere en el funcionamiento general de la persona, comprometiendo su salud.

Podemos trabajar en la prevención del duelo complicado a partir de la valoración inicial del doliente desde la primera fase de duelo, valorando las 3 principales áreas de protección de duelo normalizado:

- *Si la muerte ha sido esperada y en circunstancias no traumáticas.*
- *Si la persona posee recursos personales de afrontamiento, con capacidad para hacer una proyección de su vida a corto plazo.*
- *Si la persona dispone de redes socio-familiares de apoyo.*

La adaptación y vivencia de un duelo normalizado viene dada por la conjunción de estas tres áreas; una persona puede haber vivido la muerte traumática de un familiar, pero disponer de una buena red de apoyo y capacidad personal de superación, y no desarrollar un duelo complicado.

Al contrario, otra persona puede haber vivido la muerte esperada de un ser querido, no traumática y con un buen control de síntomas hasta el final, pero no contar con recursos personales adecuados, o tener antecedentes relacionales conflictivos, y desarrollar un duelo complicado.

Ante esta variabilidad, la prevención y el seguimiento se realizarán mediante la valoración de la funcionalidad y la identificación de factores de riesgo. La funcionalidad se valorará mediante la entrevista y visita domiciliaria. La identificación de los factores de riesgo se realizará a través de dos vías: la valoración inicial de factores de riesgo mediante un listado, que se complementará con una herramienta de evaluación estandarizada como es el IDC.

5. Niveles de intervención

Nivel I: Soporte básico

- *La persona en duelo presenta sintomatología emocional ajustada a proceso de duelo adaptativo y no hay factores de riesgo (FR) de duelo complicado.*

- *Asesoramiento básico del proceso emocional/higiene del duelo. Quién lo realiza: Enfermera/Médico*

Nivel II: Soporte específico

- *La persona en duelo no presenta factores de riesgo de duelo complicado, pero sí hay presencia de sintomatología emocional de difícil manejo (IDC>25).*

- *Derivación a profesional especialista en duelo o asociaciones de grupo de apoyo en duelo. Quién lo realiza: Profesional especialista en duelo/Asociaciones de duelo*

Tiempos recomendados de las visitas para la prevención y la valoración (en protocolo de manejo de duelo)

a) Primera visita de duelo. Al primer mes

Realizar la primera valoración de factores de riesgo, recursos personales y de apoyo, y nivel de funcionalidad. Esta primera valoración nos permite valorar el grado de adaptación que puede tener la persona en duelo, o la presencia de factores predisponentes de un duelo complicado (DC), que vamos a seguir evaluando a posteriori.

b) Segunda visita de duelo. A los 3 meses

Realizar cuestionario IDC23 y valorar de nuevo funcionalidad. Esta segunda valoración nos permite confirmar la adaptación al proceso de duelo o la presencia de nuevas dificultades que puedan suponer riesgo de duelo complicado.

c) Tercera visita de duelo. A los 6 meses.

Realizar cuestionario IDC y valorar de nuevo funcionalidad. Ante IDC >25, derivar a Salud Mental (SM). La tercera valoración nos permite confirmar la adaptación al proceso de duelo o la presencia de dificultades emocionales de difícil manejo para la persona en duelo y la posibilidad de derivar a SM.

d) Cuarta visita de duelo. Al año.

Realizar cuestionario IDC y valorar de nuevo funcionalidad. En caso de presencia de duelo complicado, derivar a SM. En caso de ausencia de DC, alta. La cuarta valoración nos permite confirmar la adaptación al proceso de duelo o la presencia de dificultades emocionales de difícil manejo para la persona en duelo y la posibilidad de derivar a SM.

"Counselling" y cuidados paliativos

Aunque es difícil encontrar en castellano una traducción para la palabra counselling que englobe todos aquellos elementos y matices que le son propios, las más utilizadas son "consejo asistido", "relación de ayuda" y "asesoramiento terapéutico". En el counselling se usa la relación para acompañar a las personas a empoderarse y afrontar constructivamente los momentos críticos de la propia vida, en el marco de una psicología humanista y positiva inspiradora del fondo teórico.

La Organización Mundial de la Salud define el Counselling como un proceso dinámico de diálogo a través del cual una persona ayuda a otra en una atmósfera de entendimiento mutuo. Este proceso se sustenta en las habilidades de comunicación y las estrategias de autocontrol para facilitar la toma de decisiones y la solución de problemas. Por su parte, la British Association for Counselling lo define como el uso de principios de la comunicación con el fin de desarrollar el autoconocimiento, la aceptación, el crecimiento emocional y los recursos personales.

En el momento actual, el counselling no es una profesión en España, si bien hay movimientos que lo promueven. Son pocos los que se ganan la vida como counsellors en sentido estricto. Está sirviendo más bien para cualificar la eficacia de las relaciones que son de ayuda por la profesión, entre las cuales están las profesionales de la salud. En el counselling, como forma de relación de ayuda, hay dos protagonistas que interaccionan. Por un lado, la persona que sufre una situación amenazante o problemática, y que precisa ayuda. Esa situación puede ser social, laboral, de pareja, familiar, de duelo, de enfermedad, etc. Nos referiremos a esta persona como "ayudado" (puede ser un cliente, un alumno, un trabajador, etc; en nuestro caso se tratará de un paciente).

Por otro lado, la persona que ayuda, que orienta al ayudado para que éste encuentre la mejor solución posible a su problema, la llamaremos ayudante o counsellor (puede ser un educador, un terapeuta, un trabajador social, un psicólogo, un médico, una enfermera, un agente espiritual, etc).

El counselling es el arte de hacer reflexionar a la persona que precisa ayuda por medio del encuentro interpersonal en el que utilizará técnicas que favorezcan que el ayudado llegue a tomar las decisiones más adecuadas para afrontar sus problemas (en nuestro caso problemas de salud-enfermedad), en función de sus valores e intereses. Al utilizar estas intervenciones no impositivas, respeta la autonomía del ayudado (el paciente y/o su familia) y promueve la elección; confía en la persona y en sus recursos como el mejor elemento de cambio. El counsellor no da soluciones, sino que ayuda a identificar las opciones posibles y el ayudado elige la que cree que es la mejor.

Por esta razón se dice que el counselling se fundamenta en el llamado "principio de beneficencia no paternalista". Es decir, el método de esta relación de ayuda no es nuevo y está basado en el método didáctico socrático de escuchar y responder provocando la reflexión, en el contexto de una relación clínica madura, respetuosa y de confianza. Por ejemplo, en lugar de: "A ti lo que te pasa es que siempre… y lo que debes hacer es… porque si no… y luego, claro, te quejas de…" un counsellor podría decir más bien algo así como: "Por lo que dices, tu mayor dificultad está en… ¿Qué crees que puedes hacer…? ¿Qué crees que pasaría si…? Podríamos decir que, en el ámbito de los cuidados paliativos, algunos objetivos del counselling son:

- *Disminuir el sufrimiento de los pacientes y de sus familias y ayudarles a adaptarse a su realidad.*
- *Promover el cambio necesario para adoptar actitudes adaptativas y de crecimiento – resiliencia–, en relación a los problemas*

concretos.

- *Disminuir el coste emocional para los profesionales regulando saludablemente el grado de implicación emocional con el sufrimiento ajeno.*
- *Aumentar el grado de satisfacción de todos los implicados.*

Actitudes básicas

Después de los recursos del ayudado –primer factor terapéutico–, lo más importante para promover el cambio en una persona que precisa ayuda, no son los conocimientos técnicos ni las habilidades del ayudante sino sus actitudes. Las tres actitudes en que se apoya este modelo de relación de ayuda y acompañamiento son: la empatía terapéutica, la aceptación incondicional o consideración positiva y la autenticidad, genuinidad o congruencia. Veamos a continuación en qué consisten.

Empatía. *La empatía es la actitud que permite comprender al otro y que éste se experimente de alguna manera comprendido. Es decir, en virtud de la empatía, el ayudante hace el esfuerzo de captar la experiencia del* *otro, sus sentimientos, sus contradicciones, sus expectativas y deseos y sus valores. El objetivo no es vivir los mismos sentimientos y emociones de la persona a la que se quiere comprender (en ese caso hablaríamos de simpatía), sino captarlos, en lo posible, tal y como son vividos por ella, adoptando su marco de referencia personal. Para ello, el ayudante deja momentáneamente a un lado su modo de ver las cosas, hace un paréntesis para contemplar la realidad a través de los ojos del otro.*

Consiste, en definitiva, en intentar captar la experiencia ajena, poniéndose en el lugar del otro, sin juzgarlo, y además transmitirle que le hemos comprendido. La empatía, como disposición interior de la persona que ayuda hacia el ayudado, es unidireccional y no requiere vivir las mismas emociones que la otra persona sino captarlas y comunicar que se han captado. Para que la intervención empática sea creíble y no parezca artificial, es muy útil operativizarla de manera concreta y no general. En lugar de decir: "Comprendo cómo te sientes", o simplemente "Te entiendo", es mejor decir: "Comprendo que esta noticia de… te haga sentir…".

La actitud empática concreta, al personalizar en la situación del ayudado, evita el riesgo de sonar falso y constituye uno de los modos más eficaces de generar confianza en la relación de ayuda. La palabra empatía ha vivido una gran evolución y popularización, encontrándonos fácilmente con significados polisémicos que permiten hablar de "bosque conceptual". Por eso, cada vez hay más autores que proponen utilizar en este tipo de contextos calificativos como "empatía terapéutica" o "empatía profesional", para referirse a cuanto venimos diciendo en el contexto de relaciones de ayuda.

Aceptación incondicional. *Sentirse aceptado es una necesidad experimentada por todos en cualquier relación interpersonal profunda, pero sobre todo por quien tiene necesidad de ayuda. La aceptación del ayudado (paciente y familiar) por parte del counsellor (profesional sanitario) es el primer paso para que aquel se acepte a sí mismo, y posteriormente a los demás. Para ayudar mejor y generar una atmósfera de confianza facilitadora del cambio buscado se necesita:*

- *Ausencia de juicios moralizantes sobre la persona del ayudado, que es digna de respeto, como ser humano, por encima de sus comportamientos, aunque el ayudante no los considere correctos según su escala de valores. Respetar a la persona no significa aprobar su conducta como buena. Significa que el ayudante no utiliza su propia escala de valores para juzgar al ayudado.*

- *Acogida incondicional de los sentimientos y las emociones, que en sí mismos no son ni buenos ni malos moralmente, y cuya energía debe ser encauzada hacia un comportamiento que ayude a la persona en conflicto a afrontar sus dificultades.*

Consideración positiva

Es uno de los pilares fundamentales del counselling: considerar que la persona a la que se pretende ayudar tiene recursos propios para afrontar la situación de dificultad en la que está inmersa. Consiste en reconocerla como "capaz", como protagonista del proceso de cambio. La confianza en los recursos del ayudado es una disposición que va contra el paternalismo en las relaciones de ayuda y favorece el empoderamiento:

- *Cordialidad o calor humano, ya que lo contrario genera distancia.*

- *Autenticidad o congruencia Una persona (el ayudante) es auténtica cuando es ella misma, cuando entre su mundo interior, su conciencia y su comunicación externa hay sintonía. Es la coherencia entre lo que se piensa, lo que se siente y lo que se expresa, sin máscaras. Por ejemplo, si un paciente pregunta al profesional por qué tiene que morir, es muy probable que éste no tenga una respuesta. Si no sabe qué decir, es mejor admitirlo, sencillamente. Ser auténtico confiere autoridad al profesional.*

  Pero la autenticidad comienza por el autoconocimiento, es decir por reconocer los propios sentimientos y emociones que pueden surgir en la comunicación con el paciente y por aprender a manejar la propia vulnerabilidad en favor de la relación terapéutica; en otras palabras, en la medida en que el profesional esté familiarizado con sus límites y debilidades tendrá una mayor capacidad de comprensión de los límites y dificultades ajenos.

Estilos relacionales

Estilo empático*. La relación de ayuda puede discurrir por diversos estilos según la disposición que tenga el ayudante y según la utilización del poder que le confiere su rol:*

- *Según su disposición, el ayudante puede estar centrado en el problema del ayudado, o centrado en la persona que tiene el problema. Centrarse en el problema significa analizar el hecho objetivo o situación conflictiva que tiene el ayudado, sin tener en cuenta cómo le afecta subjetivamente. Sin embargo, centrarse en la persona que tiene el problema es analizar la situación de dificultad en el contexto global de la persona que tiene esa dificultad, prestando atención a cómo está viviendo esa dificultad y cómo le afecta en las distintas dimensiones de la persona (física, intelectual, emocional, socio-laboral, familiar y espiritual).*

- *Según la utilización que el ayudante haga del poder, la relación de ayuda puede ser directiva o facilitadora. En una relación directiva el ayudante conduce al ayudado en una determinada dirección y asume la responsabilidad de encontrar él mismo la solución al problema, menoscabando la alternativa de que sea el ayudado quien elija. Por el contrario, en una relación facilitadora el ayudante orientará al ayudado para que sea él mismo quien descubra las posibilidades de cambio y los recursos para mejorar la situación conflictiva en la que se encuentra y afrontar de la manera más sana posible aquello que no se pueda cambiar.*

- *De los distintos estilos de relación de ayuda que pueden resultar de combinar la disposición del ayudante y el uso de su autoridad, el estilo que mejor responde al enfoque del counselling es el estilo empático-participativo. Con el estilo empático, el ayudante se centra en la persona del ayudado, formulando preguntas abiertas focalizadas y centradas en su estado emocional y su propia escala de preocupaciones, para que se sienta acogida y comprendida en la situación conflictiva que atraviesa; además, las intervenciones del ayudante se orientan a facilitar que el ayudado, que es la persona que mejor conoce todos los aspectos del problema que sufre, identificando qué posibilidades y recursos tiene para cambiar, asuma su responsabilidad en que la situación cambie, y si es así, que se comprometa libremente con el cambio, enmarcándose en la dinámica de la elección y no en la del control. La premisa básica que subyace a esta intervención es que la imposición genera rebeldía y ganas de hacer lo contrario.*

Algunas habilidades para el Counselling

Escucha activa*. ¿Qué significa escuchar? La actitud de escuchar activamente tiene en sí misma carácter terapéutico. Pero escuchar de esta forma significa mucho más que oír y requiere una técnica que se puede aprender. Se escucha haciendo silencio interior, con la mirada, acompañando en el diálogo, en definitiva, con toda la persona.*

Los que cuidamos a los enfermos, en ocasiones podemos estar empleando, sin darnos cuenta, técnicas que nos mantengan a una distancia emocional de los mismos; así, por ejemplo, si decimos al paciente que "No hay razón para sentirse mal", le estaremos indicando que solo aceptamos pensamientos positivos y que pretendemos que nos diga que está bien, aunque en realidad se sienta infeliz. Nuestro tono de voz, movimientos corporales, expresiones faciales, son formas por las que, inconscientemente, les podemos indicar que no deseamos escucharles.

Respuesta empática. *Es el tipo de respuesta por la que el ayudante transmite a la persona que necesita ayuda que le comprende en lo que le está comunicando, por lo que supone centrarse intensamente en el ayudado, en lo que dice y en lo que no dice, poniéndose en su lugar para ver las cosas desde su punto de vista. La técnica más utilizada en la respuesta empática, pero no la única, es la reformulación, que consiste en captar lo que el paciente expresa, verbal y no verbalmente, y presentárselo, con claridad como si usase un espejo en el que se viera reflejado. Un sencillo ejemplo de reformulación puede ser: Una madre dice al educador que cuando discute con su hija siempre terminan gritando. El ayudante reformula: "Así que me dices que cuando discutes con tu hija, siempre termináis gritando...". Es una técnica que puede parecer sencilla,* *pero que requiere una gran habilidad por parte del profesional para que resulte natural. Es muy útil para comunicar que se está comprendiendo (no juzgando) lo que la madre dice y se le anima a que siga hablando.*

Asertividad. *Es una habilidad social de comunicación que nos permite manejar nuestros sentimientos sin dejar que estos dominen nuestro comportamiento. Es decir, somos asertivos cuando hacemos respetar nuestros derechos de una forma que no viola los derechos del otro, o sea, cuando expresamos de manera abierta y honesta nuestros puntos de vista, al tiempo que manifestamos que entendemos la posición del otro.*

La asertividad, reflejo de un adecuado nivel de autoestima es el punto medio entre la pasividad y la agresividad. La comunicación asertiva se realiza desde los mensajes en primera persona: "Yo creo… A mí me parece… Mi opinión es…" evitando los mensajes "Tú": "Tú debes… Tú eres… Tú siempre…".

Personalización. *Personalizar es lo contrario de generalizar. Con la destreza de personalizar se pretende que el ayudado se haga cargo de su propio problema. Es decir, que no lo vea como algo ajeno a él o debido* *meramente a circunstancias ambientales y externas, fuera de su control, sino que analice su grado de responsabilidad en el problema, su capacidad de control del mismo, y en qué grado, realmente, desea superarlo.*

Cuanto más personales y concretas sean nuestras intervenciones, cuanto más adaptadas a la persona (en nuestro caso el paciente) con la que nos estamos comunicando, más conectadas estarán con su experiencia afectiva y emocional y por tanto más útiles serán. "¿Qué supone para ti este problema que me estás contando?", "¿Por qué razón esto es tan importante para ti?", "¿En qué medida has contribuido tú a esta situación?", "¿Qué crees que puedes hacer ahora?", etc.

Personalizar, en el fondo, es un modo de acompañar al ayudado (el paciente o la familia) a apropiarse de su situación y tomar protagonismo en el afrontamiento de sus dificultades. En ese acompañamiento hacia el carácter personal de las dificultades del ayudado, también el profesional se sitúa no ante el paciente de la cama tal, o de la patología X, sino ante Juan...o Marta... o Víctor..., con toda su biografía, ayudándole a expresar qué cosas le preocupan y por qué son importantes para él y para ayudarle a la toma de decisiones... pero evitando la tentación de decidir por él: "Por lo que hemos hablado, parece que lo más conveniente sería… ¿Qué le parece si intenta…?".

Confrontación. Confrontar por parte del ayudante es acompañar al ayudado a ser consciente de las posibles contradicciones o incongruencias entre sus palabras y sus obras; entre lo que piensa y lo que expresa en lenguaje verbal y no verbal, entre lo que entiende que es adecuado para él y la conducta que en realidad realiza, etc.

La confrontación no tiene como objetivo violentar al ayudado poniéndole en evidencia por sus incoherencias, sino hacerle consciente de ellas para avanzar en el camino de encontrar juntos posibles soluciones al problema que plantea. En cualquier caso, la confrontación es una destreza que solo se puede realizar cuando la relación de ayuda ya está en una etapa de confianza mutua y el ayudante ha transmitido al ayudado su compresión y acogida; de otro modo, puede vivirse como una agresión. Ejemplo de confrontación: "Antonia, por un lado, me dice que no quiere coger a nadie para que le cuide en casa porque *usted cree que todavía se vale por sí misma, pero por otro lado dice que llama continuamente a su hija porque tiene dificultades para actividades cotidianas como..."* De esta forma colocamos a la paciente ante esta incongruencia, utilizando su propio discurso.

Incitar. *En el counselling es importante acompañar al cambio. Por eso, una técnica fundamental en el proceso de comunicación de ayuda consiste en incitar a la acción, es decir, acompañar a la persona a que defina su reto, sus objetivos, realice –de alguna manera– un plan de acción.*

Este, lejos de ser siempre un gran proyecto, puede consistir en un nuevo modo de gestionar los pensamientos, los sentimientos, alguna relación difícil, una toma de decisión sobre dónde vivir las próximas semanas o meses, cómo manejar las visitas vividas como inoportunas, etc. Es conveniente que el counsellor o ayudante promueva la concreción de lo que el ayudado desea, de lo que quiere en el fondo de sí mismo, así como acompañarle a definir los medios que va a poner en práctica para conseguir dicho objetivo. Suele ser útil también ayudar a barajar la hipótesis de que pueda ir mal y la persona piense en otras alternativas posibles al primer curso de acción pensado. (8)

Reflexión final del capítulo

El apoyo al duelo desde una perspectiva sociológica implica reconocer y abordar las influencias culturales, sociales y comunitarias que afectan cómo las personas enfrentan la pérdida. Las instituciones sociales, las redes de apoyo y los recursos comunitarios desempeñan un papel crucial en proporcionar el apoyo necesario para ayudar a los dolientes a enfrentar su dolor. Al fortalecer estas estructuras, podemos mejorar la calidad del apoyo al duelo y ayudar a individuos y comunidades a encontrar consuelo y sanación en sus experiencias de pérdida. Estos esfuerzos no solo benefician a los dolientes, sino que también fortalecen el tejido social, promoviendo una cultura de solidaridad, empatía y apoyo mutuo

J.J. ROSARIO PHD.

6
Integración de recursos multidisciplinarios

Psicología y consejería, medicina y cuidados de salud médicos y enfermeros, Psiquiatría, Trabajo social y asistentes sociales, orientación y apoyo, espiritualidad y religión, grupos de apoyo y redes comunitarias, organizaciones comunitarias.

Capítulo 6

Integración de recursos multidisciplinarios

Cuando se trata de unir esfuerzos, todos son valiosos y necesarios. A diferencia de la percepción que algunos puedan tener sobre la exclusividad de su profesión o credo, la integración de recursos multidisciplinarios es la clave para un manejo óptimo del duelo. En cada organización se desarrollan estrategias particulares de acompañamiento y manejo de duelo, pero cuando estas se integran, el proceso puede reducir significativamente el tiempo de recuperación del doliente y minimizar los efectos del duelo.

A continuación, menciono una serie de recursos que, dentro de sus objetivos, deben encontrar elementos comunes para que el "equipo" pueda brindar servicios de manera holística. Un recurso proporcionará información que complementará al otro, permitiendo así un mejor entendimiento del doliente en sus múltiples interacciones. De este modo, se podrán definir las expectativas del doliente respecto a lo que los recursos pueden ofrecer. Es evidente que, al estudiar los protocolos de cada organización en el manejo del duelo, todos abordan áreas de atención similares. Sin embargo, cuando todos los componentes de ayuda conocen las necesidades, es más fácil identificar qué áreas están siendo atendidas y cuáles no.

1. Psicología y consejería

Papel del psicólogo

El psicólogo desempeña un papel crucial en el manejo del duelo al ayudar a los dolientes a comprender y procesar sus emociones. El duelo es una experiencia profundamente personal y emocional, y los psicólogos están capacitados para ofrecer un espacio seguro donde las personas puedan expresar sus sentimientos sin juicio. Utilizan una variedad de técnicas terapéuticas para ayudar a las personas a enfrentar su dolor.

Entre estas técnicas se encuentra la terapia cognitivo-conductual, que ayuda a identificar y cambiar patrones de pensamiento negativos, y la terapia de aceptación y compromiso, que enseña a los dolientes a aceptar sus emociones en lugar de luchar contra ellas. Además, los psicólogos pueden realizar evaluaciones para determinar el impacto del duelo en la salud mental de una persona, lo cual es particularmente importante, ya que el duelo puede desencadenar o agravar trastornos mentales como la depresión y la ansiedad. A través de estas evaluaciones, los psicólogos pueden desarrollar planes de tratamiento personalizados que aborden las necesidades específicas de cada individuo, y trabajar en estrecha colaboración con otros profesionales de la salud para coordinar el cuidado y garantizar que el doliente reciba un apoyo integral.

Consejeros especializados en duelo

Los consejeros de duelo, también conocidos como tanatólogos, están especialmente capacitados para trabajar con personas que están lidiando con la pérdida. Estos profesionales comprenden las etapas del duelo y las diversas formas en que las personas pueden experimentar el dolor. Ofrecen un apoyo emocional vital, ayudando a los dolientes a encontrar maneras saludables de expresar y procesar su dolor.

Una de las técnicas que utilizan los consejeros de duelo es la terapia narrativa. Esta permite a las personas contar su historia de pérdida en un entorno seguro y de apoyo. Es particularmente útil porque ayuda a los dolientes a dar sentido a su experiencia y a integrar la pérdida en sus vidas. Además, los consejeros pueden utilizar intervenciones basadas en la resiliencia para ayudar a las personas a desarrollar habilidades de afrontamiento, permitiéndoles manejar mejor el dolor y el estrés asociados con el duelo.

Los consejeros de duelo también pueden ofrecer apoyo grupal, creando espacios donde los dolientes pueden compartir sus experiencias y encontrar consuelo en la compañía de otros que están pasando por situaciones similares. Estos grupos de apoyo son increíblemente beneficiosos, ya que proporcionan un sentido de comunidad y comprensión mutua que puede ser difícil de encontrar en otros lugares.

2. Medicina y cuidados de salud

Médicos y enfermeros

Los médicos y enfermeros juegan un papel vital en el manejo del duelo, especialmente en términos de identificar y tratar los síntomas físicos que pueden surgir a raíz de la pérdida. El duelo puede impactar significativamente la salud física, manifestándose en síntomas como insomnio, pérdida de apetito, fatiga extrema, y problemas gastrointestinales. Los profesionales de la salud están capacitados para reconocer estos síntomas y proporcionar el tratamiento adecuado para mitigarlos.

Los médicos pueden recetar medicamentos para ayudar a manejar síntomas específicos, como insomnio o ansiedad severa, y pueden referir a los pacientes a otros especialistas si es necesario. Además, pueden ofrecer consejos sobre cambios en el estilo de vida que pueden mejorar el bienestar físico, como la importancia de una alimentación equilibrada, el ejercicio regular, y la gestión del estrés.

Las enfermeras, por otro lado, a menudo tienen un contacto más frecuente y cercano con los pacientes y sus familias. Pueden ofrecer un apoyo emocional significativo, escuchar las preocupaciones de los dolientes y proporcionar información y recursos útiles. También pueden ayudar a coordinar el cuidado, asegurándose de que los pacientes reciban un seguimiento adecuado y que sus necesidades sean atendidas de manera integral.

Psiquiatría

Los psiquiatras son médicos especializados en el diagnóstico y tratamiento de trastornos mentales. En el contexto del duelo, pueden desempeñar un papel determinante en la identificación de condiciones como la depresión clínica, los trastornos de ansiedad, o el trastorno de estrés postraumático (TEPT), que pueden surgir o agravarse a raíz de una pérdida significativa.

El duelo complicado, también conocido como duelo patológico, es una condición en la que los síntomas del duelo son intensos y prolongados, interfiriendo significativamente con la vida diaria. Los psiquiatras pueden diagnosticar esta condición y ofrecer tratamientos que incluyan medicación y terapia. Los antidepresivos, por ejemplo, pueden ser útiles para tratar síntomas de depresión grave, mientras que los ansiolíticos pueden ayudar a manejar la ansiedad intensa.

Además, los psiquiatras pueden colaborar con psicólogos y otros terapeutas para proporcionar un enfoque de tratamiento integral. Esto puede incluir la terapia cognitivo-conductual para abordar patrones de pensamiento disfuncionales, la terapia de exposición para ayudar a las personas a enfrentar y procesar recuerdos traumáticos, y otras intervenciones basadas en la evidencia.

3. Trabajo social

Asistentes sociales

Los asistentes sociales son una parte esencial del equipo multidisciplinario que maneja el duelo. Estos profesionales están capacitados para evaluar las necesidades sociales y económicas de los dolientes y proporcionar los recursos necesarios para apoyarles. Esto puede incluir la ayuda para acceder a servicios sociales, gestionar trámites burocráticos, y conectar a las personas con recursos comunitarios que pueden ofrecer apoyo adicional.

Una de las funciones clave de los asistentes sociales es realizar evaluaciones exhaustivas de las necesidades del doliente. Esto incluye evaluar la estabilidad financiera, el acceso a recursos básicos como la vivienda y la alimentación, y la necesidad de apoyo emocional y social. Basándose en esta evaluación, los asistentes sociales pueden desarrollar planes de intervención personalizados que aborden todas estas áreas.

Además, los asistentes sociales pueden ofrecer asesoramiento y orientación sobre cómo navegar por el sistema de atención médica y social. Esto es particularmente útil para los dolientes que están lidiando con la burocracia y los trámites legales que a menudo acompañan a la pérdida de un ser querido, como la gestión de seguros, la planificación del funeral, y la liquidación de bienes.

Orientación y apoyo

Además de proporcionar recursos prácticos, los asistentes sociales también pueden ofrecer un apoyo emocional significativo. Pueden proporcionar un espacio seguro para que los dolientes expresen sus sentimientos y preocupaciones, y ofrecer orientación sobre cómo enfrentar los desafíos emocionales que acompañan al duelo.

Los asistentes sociales también pueden facilitar la conexión con grupos de apoyo y otras redes comunitarias que pueden ofrecer consuelo y comprensión. Estos grupos pueden proporcionar un sentido de comunidad y pertenencia, lo que puede ser increíblemente valioso para las personas que están lidiando con la soledad y el aislamiento que a menudo acompañan al duelo.

4. Espiritualidad y religión

Líderes religiosos

Los líderes religiosos juegan un papel fundamental en el apoyo a los dolientes, ofreciendo consuelo y orientación espiritual durante momentos de pérdida. Las creencias y prácticas religiosas pueden proporcionar un sentido de propósito y significado, profundamente consolador para quienes están en duelo. Los líderes religiosos, como sacerdotes, rabinos, imanes, y otros, están capacitados para ofrecer apoyo pastoral y realizar rituales que pueden ayudar a los dolientes a encontrar paz y consuelo.

Una de las funciones clave de los líderes religiosos es ofrecer una presencia de apoyo. Pueden visitar a los dolientes, escuchar sus preocupaciones y proporcionar consuelo a través de la oración, la meditación y otros rituales religiosos. Estos rituales pueden ofrecer un sentido de continuidad y conexión con la comunidad religiosa, lo que puede ser especialmente consolador para las personas que encuentran significado en su fe.

Además, los líderes religiosos pueden ofrecer orientación sobre cómo encontrar sentido y propósito en la experiencia del duelo. Proporcionan perspectivas teológicas que ayudan a los dolientes a entender su pérdida en el contexto de su fe y a encontrar formas de integrar esa pérdida en su vida espiritual.

Capellanes de hospitales

En el contexto hospitalario, los capellanes juegan un papel crucial en proporcionar apoyo espiritual y emocional a los pacientes y sus familias. Están capacitados para trabajar con personas de diversas creencias y tradiciones religiosas, y pueden ofrecer un apoyo no denominacional adaptado a las necesidades individuales de cada persona.

Los capellanes ofrecen consuelo y apoyo durante momentos de crisis, como la enfermedad terminal o la muerte de un ser querido. Proporcionan un espacio seguro para que las personas expresen sus emociones y preocupaciones, y ofrecen orientación espiritual que ayuda a los dolientes a encontrar sentido y consuelo en su experiencia.

Además, los capellanes facilitan la comunicación entre los pacientes, sus familias y el equipo médico. Ayudan a mediar en conversaciones difíciles sobre el final de la vida y las decisiones de cuidado, proporcionando un apoyo continuo a lo largo del proceso de duelo.

5. Grupos de apoyo y redes comunitarias

Grupos de apoyo

Los grupos de apoyo ofrecen un espacio seguro y comprensivo donde los dolientes pueden compartir sus experiencias y encontrar consuelo en la compañía de otros que están pasando por situaciones similares. Estos grupos pueden ser facilitados por profesionales de la salud mental o por personas que han experimentado el duelo y desean ofrecer apoyo a otros.

La participación en un grupo de apoyo proporciona numerosos beneficios. Los dolientes pueden encontrar un sentido de pertenencia y comunidad, especialmente valioso en momentos en que pueden sentirse aislados y solos. Compartir experiencias y escuchar a otros, ayuda a los dolientes a normalizar sus sentimientos y encontrar nuevas perspectivas y estrategias de afrontamiento.

Los grupos de apoyo también ofrecen recursos y educación sobre el duelo. Los facilitadores proporcionan información sobre las etapas del duelo, las estrategias de afrontamiento y los recursos comunitarios útiles. Además, los grupos de apoyo ofrecen oportunidades para el desarrollo de habilidades y la creación de redes, ayudando a los dolientes a encontrar nuevas formas de conectarse y recibir apoyo.

Organizaciones comunitarias

Las organizaciones comunitarias desempeñan un papel muy importante en el apoyo a los dolientes. Ofrecen una variedad de recursos y servicios, como talleres, eventos, y programas educativos que promueven el apoyo mutuo y la educación sobre el duelo. Por ejemplo, algunas organizaciones comunitarias ofrecen talleres sobre el manejo del estrés, la meditación y otras técnicas de autocuidado útiles para los dolientes. Estos talleres proporcionan a los dolientes herramientas prácticas para manejar su dolor y cuidar de sí mismos durante el proceso de duelo.

Además, las organizaciones comunitarias organizan eventos y actividades que promueven la conexión y el apoyo mutuo. Estos eventos pueden incluir caminatas en grupo, sesiones de arte y música, y otros encuentros sociales que ofrecen a los dolientes, oportunidades para conectarse con otros y encontrar consuelo en la comunidad.

6. Educación y capacitación

Capacitación de profesionales

La capacitación continua de los profesionales que trabajan en el manejo del duelo es esencial para garantizar que puedan proporcionar el mejor apoyo posible a los dolientes. Profesionales de la salud mental, trabajadores sociales, médicos, enfermeros, y otros especialistas pueden beneficiarse de la formación en las últimas investigaciones y técnicas de manejo del duelo.

Esta capacitación puede incluir cursos y talleres sobre una variedad de temas, como teorías del duelo, técnicas de intervención y estrategias de autocuidado para profesionales. Además, es fundamental la formación en habilidades de comunicación, mediación de conflictos, y gestión del estrés, todas esenciales para el trabajo en el manejo del duelo.

La capacitación continua también abarca la participación en conferencias y seminarios, la lectura de literatura profesional y la integración en grupos de supervisión y apoyo. Estas oportunidades brindan a los profesionales el conocimiento y las habilidades necesarias para ofrecer un apoyo integral y compasivo a los dolientes.

Programas educativos

Además de la capacitación de los profesionales, los programas educativos dirigidos a la comunidad en general son herramientas valiosas para promover la comprensión y el apoyo del duelo. Estos programas pueden incluir talleres, cursos, y seminarios que ofrezcan información sobre el proceso del duelo, las estrategias de afrontamiento, y recursos disponibles.

Ofrecidos por organizaciones comunitarias, hospitales, centros de salud mental, y otras instituciones que trabajan con dolientes, estos programas pueden estar dirigidos a una variedad de audiencias, incluyendo dolientes, familiares, amigos, y profesionales de la salud.

Los programas educativos también pueden incluir la creación de materiales como folletos, guías, y sitios web que proporcionen información y recursos sobre el duelo. Estos materiales son herramientas valiosas para ayudar a las personas a entender el proceso del duelo y encontrar formas de apoyar a sus seres queridos que están lidiando con una pérdida.

Reflexión final del capítulo

La integración de recursos multidisciplinarios en el manejo del duelo es esencial para proporcionar un apoyo integral y compasivo a las personas que están lidiando con una pérdida. Al combinar las perspectivas y habilidades de diferentes disciplinas, se puede ofrecer un enfoque holístico que aborde las necesidades físicas, emocionales, sociales y espirituales de los dolientes.

Trabajando juntos, psicólogos, consejeros, médicos, enfermeros, asistentes sociales, líderes religiosos, terapeutas complementarios, y organizaciones comunitarias pueden ofrecer un apoyo completo y coordinado. Este enfoque ayuda a los dolientes a encontrar consuelo y curación en su viaje de duelo.

J.J. ROSARIO PHD.

7
Ética y autocuidado
en el apoyo al duelo

Principios éticos clave, dilemas éticos comunes, autocuidado en el apoyo al duelo, estrategias de autocuidado.

Capítulo 7

Ética y autocuidado en el apoyo al duelo

Ética y autocuidado en el apoyo al duelo

El tema de la "Ética y autocuidado en el apoyo al duelo" es fundamental para garantizar que los profesionales que brindan apoyo a las personas en duelo lo hagan de manera efectiva, respetuosa y sostenible. Este enfoque abarca dos áreas principales: la ética en la práctica profesional y el autocuidado para los proveedores de apoyo.

Ética en el apoyo al duelo

La ética en el apoyo al duelo se refiere a los principios y valores que guían la conducta de los profesionales que trabajan con personas que han experimentado una pérdida. Estos principios aseguran que el apoyo se brinde de manera respetuosa, compasiva y profesional.

Principios éticos clave:

1. ***Confidencialidad.*** La confidencialidad es fundamental en la relación entre el profesional y el doliente. Los profesionales deben asegurar que toda la información compartida por el doliente se mantenga privada y solo se divulgue con el consentimiento explícito del doliente, o cuando sea necesario para proteger la seguridad del mismo o de otros. Esto fomenta un ambiente de confianza y seguridad, esencial para un apoyo efectivo.

2. ***Consentimiento informado.*** Los profesionales deben obtener el consentimiento informado del doliente antes de iniciar cualquier intervención. Esto implica explicar claramente el propósito, los beneficios, los riesgos y las alternativas del apoyo ofrecido. El doliente debe tener la libertad de aceptar o rechazar el apoyo sin presiones ni consecuencias negativas.

3. ***Autonomía del doliente.*** Respetar la autonomía del doliente significa reconocer y honrar su

capacidad para tomar decisiones sobre su propio proceso de duelo. Los profesionales deben apoyar al doliente en la toma de decisiones informadas y evitar imponer sus propias creencias o agendas. La autonomía es crucial para empoderar al doliente y respetar su dignidad y humanidad.

4. ***Competencia profesional.*** Los profesionales que brindan apoyo al duelo deben mantener un alto nivel de competencia en su campo. Esto implica una formación continua, supervisión y adherencia a las mejores prácticas basadas en la evidencia. La competencia profesional garantiza que el apoyo brindado sea efectivo y esté alineado con los estándares actuales de la práctica.

5. ***Integridad y honestidad.*** La integridad y la honestidad son esenciales en todas las interacciones con los dolientes. Los profesionales deben ser transparentes sobre sus capacidades, limitaciones y cualquier conflicto de interés potencial. La honestidad fomenta la confianza y

asegura que el apoyo se brinde de manera abierta y honesta.

6. **_Sensibilidad cultural._** Los profesionales deben ser conscientes y respetuosos de las diferencias culturales, religiosas y personales de los dolientes. La sensibilidad cultural implica adaptar las intervenciones para que sean relevantes y respetuosas con las creencias y prácticas del doliente. Esto es crucial para proporcionar un apoyo significativo y efectivo.

Dilemas éticos comunes

1. **_Equilibrio entre confidencialidad y seguridad._** Un dilema común es cómo equilibrar la confidencialidad con la necesidad de proteger la seguridad del doliente o de otros. Si un doliente expresa pensamientos suicidas o de autolesión, el profesional puede necesitar romper la confidencialidad para proteger al doliente. Este es un equilibrio delicado que requiere juicio profesional y adherencia a las políticas y leyes pertinentes.

2. ***Consentimiento de menores o personas vulnerables.*** Trabajar con menores de edad o personas vulnerables presenta desafíos éticos en términos de consentimiento informado y autonomía. Los profesionales deben navegar cuidadosamente entre respetar la autonomía del doliente y cumplir con las obligaciones legales y éticas para proteger a aquellos que no pueden tomar decisiones informadas por sí mismos.

3. ***Conflictos de interés.*** Los profesionales pueden enfrentarse a situaciones en las que sus intereses personales o profesionales choquen con las necesidades del doliente. Mantener la integridad y la transparencia es crucial para manejar estos conflictos de manera ética y evitar cualquier forma de explotación o manipulación.

Autocuidado en el apoyo al duelo

El autocuidado es esencial para los profesionales que brindan apoyo a personas en duelo, ya que trabajar con quienes han experimentado una pérdida puede ser emocionalmente exigente y agotador. Sin un autocuidado adecuado, los profesionales corren el riesgo de sufrir agotamiento, fatiga por compasión y otros problemas de salud mental.

Importancia del autocuidado

1. **Prevención del agotamiento.** El agotamiento es un estado de desgaste físico, emocional y mental causado por el estrés crónico. Los profesionales que trabajan con dolientes están en riesgo de agotamiento debido a la intensidad emocional de su labor. Practicar el autocuidado regularmente puede ayudar a prevenir el agotamiento, permitiendo a los profesionales mantengan su energía y eficacia.

2. **Manejo de la fatiga por compasión.** La fatiga por compasión ocurre cuando los profesionales se sienten abrumados por la carga emocional de cuidar a otros. El autocuidado les ayuda a procesar sus propias emociones y a mantener un equilibrio saludable entre el trabajo y la vida personal. Esto es imprescindible para seguir brindando un apoyo de alta calidad sin sacrificar el bienestar personal.

3. **Mejora de la calidad del apoyo.** Los profesionales que practican el autocuidado son más capaces de ofrecer un apoyo efectivo y compasivo. El autocuidado regular les permite estar presentes y comprometidos en su trabajo, mejorando así la calidad del apoyo que brindan a los dolientes.

Estrategias de autocuidado

1. **Establecimiento de límites.** Establecer límites claros entre el trabajo y la vida personal es esencial para el autocuidado. Los profesionales deben asegurarse de tener tiempo para descansar y recargar energías, y evitar llevar el trabajo a casa. Esto puede incluir limitar el acceso a correos electrónicos de trabajo fuera del horario laboral y establecer límites en la cantidad de horas trabajadas.

2. **Supervisión y apoyo profesional.** Participar en la supervisión regular y buscar apoyo de colegas y supervisores puede proporcionar una válvula de escape para las emociones y el estrés

acumulado. La supervisión también ofrece una oportunidad para reflexionar sobre la práctica y recibir retroalimentación constructiva. Los grupos de apoyo entre colegas pueden ser especialmente útiles para compartir experiencias y estrategias de afrontamiento.

3. ***Prácticas de autocuidado físico.*** Mantener una buena salud física es fundamental para el bienestar general. Esto incluye una alimentación equilibrada, ejercicio regular y sueño adecuado. Los profesionales también pueden beneficiarse de prácticas como el yoga y la meditación, que promueven la relajación y la reducción del estrés.

4. ***Prácticas de autocuidado emocional.*** Los profesionales deben encontrar maneras de procesar y liberar sus propias emociones. Participar en terapia personal, escribir en un diario, o practicar técnicas de relajación y mindfulness son formas útiles de mantener un equilibrio emocional. Estas prácticas no solo ayudan a prevenir la acumulación de estrés, sino que también permiten a los profesionales estar en

un mejor estado emocional para brindar apoyo a los demás.

5. **_Conexiones sociales._** Mantener conexiones sociales fuertes y significativas fuera del ámbito laboral es determinante para el autocuidado. Las relaciones con amigos, familiares y seres queridos proporcionan apoyo emocional y un sentido de pertenencia. Participar en actividades sociales y recreativas ofrece una distracción saludable del estrés laboral, contribuyendo al bienestar general del profesional.

6. **_Formación y desarrollo profesional._** Participar en formación continua y desarrollo profesional puede ser una estrategia efectiva de autocuidado. Aprender nuevas habilidades y conocimientos no solo aumenta la confianza y la competencia, sino que también ofrece nuevas perspectivas y estrategias para manejar el estrés y el agotamiento. La formación constante ayuda a los profesionales a mantenerse actualizados y motivados en su práctica.

Reflexión final del capítulo

La ética y el autocuidado son fundamentales en el apoyo al duelo. Los principios éticos garantizan que los profesionales ofrezcan un apoyo respetuoso, compasivo y competente, mientras que el autocuidado asegura que los profesionales mantengan su bienestar y eficacia a largo plazo. Integrando ambos aspectos en su práctica, los profesionales pueden ofrecer un apoyo de alta calidad a los dolientes, al tiempo que protegen su propia salud y bienestar.

J.J. ROSARIO PHD.

8
El valor del entrenamiento en el manejo del duelo

habilidades de comunicación y escucha activa, intervenciones terapéuticas, beneficios del entrenamiento especializado, competencia profesional, reducción del estrés y el agotamiento, impacto positivo en los dolientes.

Capítulo 8

El valor del entrenamiento en el manejo del duelo

El duelo es una experiencia humana universal, pero su manejo efectivo requiere conocimientos y habilidades especializadas. En este capítulo se explora la importancia del entrenamiento especializado para aquellos que desean apoyar a personas en duelo, incluyendo consejeros, trabajadores sociales, clérigos y voluntarios. Discutiremos las competencias clave, los beneficios del entrenamiento y las diversas formas en que los profesionales y voluntarios pueden adquirir y aplicar estas habilidades.

El entrenamiento especializado en el manejo del duelo es esencial debido a la complejidad y variabilidad de las experiencias de duelo. Los dolientes pueden presentar una amplia gama de reacciones emocionales, físicas y conductuales, que requieren intervenciones sensibles y adecuadas. El duelo no es un proceso lineal y puede incluir etapas que varían en duración e intensidad. La comprensión de estas dinámicas es indispensable para proporcionar apoyo efectivo.

- **Etapas del Duelo**: Conocer modelos como las etapas de Kübler-Ross (negación, ira, negociación, depresión y aceptación) y otros enfoques contemporáneos ayuda a los profesionales a identificar y abordar las necesidades de los dolientes en diferentes momentos.

- **Factores Influyentes:** Elementos como la naturaleza de la pérdida, las circunstancias del fallecimiento, el contexto cultural y las características personales del doliente (edad, género, historia de vida) pueden influir significativamente en cómo se vive y maneja el duelo.

Habilidades de comunicación y escucha activa

La comunicación efectiva y la escucha activa son habilidades fundamentales para cualquier persona que apoye a los dolientes. Estas competencias permiten una comprensión profunda de las necesidades del doliente y fomentan un ambiente de confianza y seguridad.

• *Escucha empática*: Escuchar con empatía implica estar completamente presente, mostrar comprensión y validar los sentimientos del doliente, evitando juzgar o minimizar su experiencia.

• *Comunicación no verbal*: Las señales no verbales, como el contacto visual, los gestos y la postura corporal, son importantes para transmitir empatía y apoyo.

• *Formulación de preguntas abiertas*: Las preguntas abiertas invitan a los dolientes a expresar sus sentimientos y pensamientos con mayor libertad, proporcionando una mejor comprensión de sus necesidades y experiencias.

Intervenciones Terapéuticas

Las intervenciones terapéuticas son técnicas y estrategias que los profesionales pueden usar para ayudar a los dolientes a procesar su pérdida y encontrar formas constructivas de afrontamiento.

• **Terapia Cognitivo-Conductual (TCC)**: La TCC puede ayudar a los dolientes a identificar y modificar patrones de pensamiento negativos que pueden estar exacerbando su dolor.

• **Terapia de Duelo**: Técnicas específicas de la terapia de duelo, como la terapia narrativa y la terapia de reminiscencia, pueden ayudar a los dolientes a explorar y dar sentido a su pérdida.

• **Terapia de Grupo:** Los grupos de apoyo facilitan la conexión entre dolientes, permitiéndoles compartir experiencias y encontrar consuelo en la comunidad.

Beneficios del entrenamiento especializado

El entrenamiento especializado ofrece ventajas significativas no solo para los dolientes, sino también para los profesionales y voluntarios, optimizando su capacidad de ofrecer un apoyo efectivo y minimizando el riesgo de agotamiento profesional.

Competencia profesional

El entrenamiento especializado incrementa la competencia profesional, habilitando a consejeros y trabajadores sociales para realizar intervenciones más informadas y efectivas.

- *Conocimiento y habilidades*: El entrenamiento proporciona un conocimiento profundo de las teorías del duelo y las técnicas de intervención, además de habilidades prácticas para aplicar este conocimiento en la práctica clínica.

- *Confianza en la práctica*: Los profesionales capacitados se sienten más seguros al enfrentar situaciones difíciles y apoyar a los dolientes de manera efectiva.

Reducción del estrés y el agotamiento

El manejo del duelo puede resultar emocionalmente agotador para profesionales y voluntarios. El entrenamiento especializado ayuda a mitigar estos efectos.

- **Técnicas de autocuidado**: El entrenamiento suele incluir estrategias de autocuidado que permiten a los profesionales a mantener su bienestar emocional y prevenir el agotamiento.

- **Supervisión y apoyo**: La supervisión regular y el apoyo de colegas pueden proporcionar un espacio para procesar las propias emociones y recibir orientación y retroalimentación.

Impacto positivo en los dolientes

El entrenamiento especializado tiene un impacto positivo significativo en los dolientes, ofreciendo un apoyo más efectivo y ayudándoles a atravesar su proceso de duelo con mayor facilidad.

- *Intervenciones efectivas*: Las intervenciones bien informadas y aplicadas adecuadamente pueden ayudar a los dolientes a encontrar formas saludables de afrontar su pérdida y reconstruir sus vidas.

- *Relaciones de apoyo*: Los dolientes que reciben apoyo de profesionales capacitados pueden desarrollar relaciones de confianza más sólidas, facilitando un proceso de duelo más saludable.

Formas de adquirir entrenamiento especializado

Existen diversas vías para adquirir el entrenamiento necesario en el manejo del duelo, adaptadas a diferentes niveles de experiencia y contextos profesionales.

Programas de certificación y cursos de capacitación

Numerosas instituciones ofrecen programas de certificación y cursos de capacitación específicos para el manejo del duelo.

- *Certificación en consejería de duelo*: Estos programas proporcionan una formación exhaustiva en teorías del duelo, técnicas de intervención y habilidades de consejería, culminando en una certificación profesional.

- *Cursos de capacitación en línea*: Los cursos en línea ofrecen flexibilidad y acceso a una variedad de recursos y módulos de aprendizaje interactivo.

Talleres y Seminarios

Los talleres y seminarios brindan oportunidades de aprendizaje intensivo y práctico para adquirir nuevas habilidades y conocimientos en un corto período de tiempo.

- *Talleres de fin de semana*: Estos talleres se enfocan en aspectos específicos del manejo del duelo, proporcionando una formación intensiva y práctica.

- *Seminarios especializados*: Los seminarios, frecuentemente dirigidos por expertos en el campo, permiten explorar temas avanzados y emergentes en el manejo del duelo.

Educación continua y desarrollo profesional

La educación continua es esencial para mantener actualizadas las competencias profesionales y adaptarse a las nuevas investigaciones y prácticas en el campo del manejo del duelo.

- **_Conferencias y congresos_**: Asistir a conferencias y congresos permite a los profesionales aprender sobre investigaciones recientes, conectarse con colegas y participar en talleres y presentaciones.

- **_Lectura y autoaprendizaje_**: Mantenerse al día mediante la lectura de libros, artículos académicos y recursos en línea es imprescindible para el desarrollo profesional continuo.

El entrenamiento especializado en el manejo del duelo es fundamental para ofrecer un apoyo efectivo a los dolientes. A través de una comprensión profunda de las dinámicas del duelo, habilidades de comunicación y escucha activa, y técnicas de intervención terapéutica, profesionales y voluntarios pueden hacer una diferencia significativa en la vida de las personas que enfrentan la pérdida. Invertir en este entrenamiento no solo mejora la calidad del apoyo brindado, sino que también fortalece la resiliencia y el bienestar de quienes ofrecen este apoyo esencial.

Reflexiones y consideraciones especiales sobre el apoyo al duelo en enfoques hospitalarios, sociológicos y religiosos

Enfoque hospitalario (Resumen)

El enfoque hospitalario en el apoyo al duelo es fundamental ya que muchas personas enfrentan la pérdida de sus seres queridos en un entorno clínico. En estos momentos críticos, la intervención adecuada de profesionales de la salud puede marcar una diferencia significativa en el manejo inicial del duelo.

Reflexiones

1. *Intervención inmediata:* Los hospitales son a menudo los primeros lugares donde se reconoce y comienza a tratar el duelo. En este contexto, los profesionales de la salud tienen la responsabilidad de proporcionar una intervención inmediata y compasiva. La presencia de equipos multidisciplinarios, que incluyen médicos,

enfermeras, psicólogos, y capellanes, es esencial para ofrecer un apoyo integral.

2. ***Capacitación del personal***: Es determinante que el personal hospitalario reciba formación adecuada en el manejo del duelo. Esto abarca no solo la capacitación técnica, sino también el desarrollo de habilidades interpersonales para abordar de manera sensible las necesidades emocionales y psicológicas de los dolientes.

3. ***Ambiente de apoyo:*** Los hospitales deben esforzarse por crear un entorno que favorezca el duelo. Esto puede incluir la disponibilidad de salas de espera tranquilas y privadas para las familias, la accesibilidad a servicios de consejería y el respeto por las prácticas culturales y religiosas de los pacientes y sus familias.

Consideraciones especiales

1. ***Importancia del equipo multidisciplinario***: La integración de un equipo multidisciplinario es vital en el entorno hospitalario. Cada profesional

aporta una perspectiva única que, al combinarse, puede ofrecer un apoyo más completo y eficaz.

2. **Necesidad de recursos continuos**: Los hospitales deben garantizar la existencia de recursos continuos y accesibles para los dolientes, incluyendo seguimiento después de la muerte del paciente. Esto puede involucrar la coordinación con servicios comunitarios y grupos de apoyo.

3. *Ética en la práctica hospitalaria:* Los principios éticos como la confidencialidad, la autonomía del paciente y el consentimiento informado son esenciales en el entorno hospitalario. Mantener estos principios garantiza un cuidado respetuoso y compasivo.

Enfoque sociológico (Resumen)

El enfoque sociológico en el apoyo al duelo se centra en el contexto social y comunitario en el que ocurre el duelo. Este enfoque reconoce que el duelo no ocurre en el vacío, sino que está profundamente influenciado por las relaciones sociales, las normas culturales y las estructuras comunitarias.

Reflexiones

1. *Impacto de la comunidad:* La comunidad juega un papel crucial en el proceso de duelo. El apoyo de amigos, familiares y redes sociales puede proporcionar un sentido de pertenencia y consuelo que es fundamental para la curación emocional.

2. *Diversidad cultural:* Las prácticas y creencias culturales influyen significativamente en cómo las personas experimentan y expresan el duelo. Comprender y respetar esta diversidad es esencial para proporcionar un apoyo relevante y sensible.

3. *Rol de las instituciones sociales:* Las instituciones sociales, como las escuelas, los lugares de trabajo y las organizaciones comunitarias, pueden desempeñar un papel importante en el apoyo a las personas en duelo.

Estas instituciones pueden ofrecer recursos y crear un entorno que facilite el proceso de duelo.

Consideraciones especiales

1. *Importancia de las redes de apoyo:* Fortalecer las redes de apoyo social es crucial para el bienestar de los dolientes. Esto puede incluir la promoción de grupos de apoyo comunitarios y la sensibilización de la comunidad sobre el duelo.

2. *Sensibilidad cultural en el apoyo al duelo:* Los profesionales deben estar capacitados en competencia cultural para poder proporcionar un apoyo que respete y refleje las creencias y prácticas culturales de los dolientes.

3. *Papel de las políticas públicas:* Las políticas públicas pueden influir en el apoyo al duelo. La implementación de políticas que promuevan el acceso a servicios de salud mental, la protección laboral para los dolientes y la educación sobre el duelo en la comunidad puede mejorar significativamente el apoyo disponible.

Enfoque Religioso (Resumen)

El enfoque religioso en el apoyo al duelo aborda el aspecto espiritual y existencial de la experiencia de pérdida. La religión y la espiritualidad pueden ser fuentes profundas de consuelo, sentido y esperanza a las personas para quienes enfrentan la pérdida.

Reflexiones

1. *Consuelo espiritual:* Para muchas personas, la religión y la espiritualidad ofrecen un refugio esencial durante el duelo. Los rituales religiosos, la oración y la meditación pueden brindar una sensación de paz y conexión, elementos clave en el proceso de curación.

2. *Liderazgo religioso:* Los líderes religiosos —como sacerdotes, pastores, rabinos e imanes— juegan un papel vital en el apoyo al duelo. Su guía espiritual, la realización de rituales funerarios y la creación de un espacio seguro para que los

dolientes expresen sus emociones son fundamentales para el proceso de duelo.

3. ***Rituales y tradiciones***: Los rituales y tradiciones religiosas proporcionan estructura y significado durante el duelo. Estos actos pueden ofrecer un sentido de continuidad y pertenencia, facilitando que los dolientes encuentren su camino a través del su dolor.

Consideraciones especiales

1. ***Integración de la espiritualidad:*** Incorporar la espiritualidad en el apoyo al duelo puede enriquecer significativamente el proceso de curación. Los profesionales deben estar dispuestos a explorar y respetar las creencias espirituales de los dolientes para ofrecer un apoyo más.

2. ***Colaboración con líderes religiosos:*** Trabajar en conjunto con líderes religiosos puede mejorar el apoyo ofrecido a los dolientes. La colaboración entre profesionales de la salud y líderes religiosos

permite una atención integral que aborda tanto las necesidades emocionales como espirituales.

3. **Diversidad espiritual**: Es crucial reconocer y respetar la diversidad espiritual. No todos los dolientes encuentran consuelo en la religión, por lo que es importante ofrecer un apoyo inclusivo y respetuoso de diversas creencias y prácticas.

Conclusiones

Cuando examinamos la amplia gama de recursos disponibles para el manejo del duelo, nos percatamos de la importancia y complejidad de este campo. Desde libros clásicos y plataformas de aprendizaje en línea, estos materiales proporcionan una base sólida para comprender y abordar el duelo de manera efectiva. Tanto los profesionales como los voluntarios pueden beneficiarse enormemente de estos recursos, mejorando su capacidad para apoyar a los dolientes y contribuir al bienestar emocional de aquellos enfrentan pérdidas.

El duelo es una experiencia profundamente personal y única para cada individuo. A lo largo de este libro, hemos explorado las diversas facetas del duelo y su manejo, subrayando la importancia de entender, apoyar y acompañar a aquellos que atraviesan este proceso. En estas notas finales, reflexionaremos sobre algunos puntos clave y el impacto duradero que un apoyo adecuado puede tener en los dolientes.

El duelo es una experiencia profundamente personal y única para cada individuo. A lo largo de este libro, hemos explorado las diversas facetas del duelo y el manejo del duelo, subrayando la importancia de entender, apoyar y acompañar a aquellos que atraviesan este proceso. En estas notas finales, reflexionaremos sobre algunos puntos clave y el impacto duradero que un apoyo adecuado puede tener en los dolientes.

El duelo es, también, una experiencia universal: todos, en algún momento de nuestras vidas, enfrentaremos la pérdida de seres queridos. Sin embargo, aunque el duelo es una experiencia común, cada persona lo vive de manera única, Factores como la relación con el fallecido, las circunstancias de la muerte, y las creencias y valores personales influyen en cómo cada individuo procesa su pérdida.

Esta dualidad —la universalidad y la individualidad del duelo— requiere que los profesionales y voluntarios estén preparados para abordar una amplia gama de reacciones y necesidades. La empatía, la sensibilidad y la flexibilidad son esenciales para proporcionar un apoyo que respete y honre la singularidad de cada experiencia de duelo.

Las instituciones hospitalarias, de base de fe y de desarrollo sociológico desempeñan un papel fundamental en el apoyo a los dolientes. Los esfuerzos de estas instituciones son variados y complementarios, proporcionando un marco estructurado y recursos esenciales para el manejo del duelo.

- **Instituciones hospitalarias:** Los hospitales y centros de cuidados paliativos ofrecen no solo atención médica, sino también apoyo emocional y psicológico a pacientes terminales y sus familias. Programas como los grupos de apoyo y la consejería individual ayudan a los dolientes a encontrar consuelo y comprensión durante un período extremadamente difícil.

- **Instituciones de base de fe:** Las comunidades religiosas ofrecen un espacio seguro para que los dolientes expresen su dolor y busquen consuelo en su fe y creencias espirituales. Los líderes religiosos y los programas de apoyo de las iglesias, mezquitas, sinagogas y templos pueden proporcionar una guía espiritual y emocional vital.

- **Organizaciones de desarrollo sociológico:** Estas organizaciones trabajan en el ámbito comunitario para proporcionar recursos y apoyo a largo plazo. Iniciativas como programas de voluntariado, talleres de manejo de duelo y eventos comunitarios ayudan a los dolientes a reconectar con la vida y encontrar un propósito después de la pérdida.

De ahí la importancia del entrenamiento especializado en el manejo del duelo. Esto es crucial para proporcionar un apoyo efectivo. Los profesionales y voluntarios que trabajan con dolientes deben estar equipados con conocimientos y habilidades actualizados. La educación continua y la formación especializada permiten a estos individuos ofrecer intervenciones informadas y sensibles, adaptadas a las necesidades únicas de cada doliente.

Las oportunidades de capacitación, como programas de certificación, talleres, seminarios y cursos en línea, son recursos valiosos que ayudan a mejorar la competencia profesional y reducir el riesgo de agotamiento. La supervisión regular y el apoyo entre colegas también son esenciales para mantener la calidad del apoyo brindado y el bienestar emocional de los profesionales.

El apoyo al duelo es un proceso complejo que requiere un enfoque holístico y multidisciplinario. Los enfoques hospitalarios, sociológicos y religiosos, cuando se integran adecuadamente, pueden proporcionar un apoyo completo y eficaz a las personas en duelo. Cada enfoque aporta una perspectiva única y valiosa que puede enriquecer el proceso de duelo y ofrecer un soporte más robusto y compasivo.

La ética y el autocuidado son elementos esenciales que subyacen a estos enfoques. La práctica ética asegura que el apoyo se brinde de manera respetuosa y profesional, mientras que el autocuidado permite a los profesionales mantener su bienestar y eficacia a largo plazo. Juntos, estos principios crean un marco que garantiza que los dolientes reciban el apoyo que necesitan mientras protegen la salud y el bienestar de los proveedores de apoyo.

La clave para un apoyo efectivo al duelo radica en la colaboración y la integración de diversos recursos y perspectivas. Al trabajar juntos, los profesionales de la salud, los líderes religiosos, los sociólogos y las comunidades pueden crear un entorno de apoyo que sea verdaderamente holístico y compasivo. Esto no solo beneficia a los dolientes, sino que también fortalece las comunidades y promueve un enfoque más humano y comprensivo hacia el duelo.

En conclusión, el apoyo al duelo en enfoques hospitalarios, sociológicos y religiosos debe ser visto como un proceso dinámico y colaborativo. La integración de estos enfoques, junto con un compromiso con la ética y el autocuidado, puede proporcionar un apoyo robusto y efectivo que ayude a las personas a navegar el dolor de la pérdida y encontrar un camino hacia la curación y la paz.

Por lo anterior expresado y siendo "el manejo del duelo" un campo complejo y multifacético, se requiere de una comprensión profunda, de empatía y de habilidades especializadas. A través del apoyo de instituciones hospitalarias, de base de fe y de desarrollo sociológico, y mediante el uso de técnicas y recursos prácticos, podemos ofrecer un apoyo significativo y eficaz a los dolientes.

Este libro ha explorado diversas estrategias y recursos para apoyar a aquellos que enfrentan la pérdida, subrayando la importancia del entrenamiento especializado y la educación continua. Al final, el objetivo es proporcionar un marco de apoyo que honre la experiencia individual del duelo y facilite el camino hacia la recuperación y el bienestar emocional.

Esperamos que este libro sirva como una guía útil y un recurso valioso para profesionales, voluntarios y cualquier persona interesada en el manejo del duelo, ayudando a crear un impacto positivo y duradero en la vida de aquellos que enfrentan la pérdida.

Bibliografía

1. **Kubler Elizabeth**, On death and Dying (1969)

2. **Mateo Rodríguez Josefina**, Afrontamiento al Duelo, Escuela de Pacientes, Málaga, España (2010)

3. **Clínica Mayo** 2010 (Articulo Internet)

4. **Depto. De Justicia**, Ley 184- Protocolo Hospitalario para el Manejo de la Perdida de un Embarazo (2016- Rev. 2020) Puerto Rico

5. **Elementos Psicológicos (Autores 2024) España**

    Isidro García-Salvador. Enfermero. Coordinador. Servicio de Oncología, Departamento de Salud Dr. Peset. Comité clínico de Cuidados Paliativos del Hospital Dr. Peset. Valencia.

    Silvia Fernández Peris. Psicóloga. Coordinadora. Asociación de Psicooncología Carena.

Departamento de Salud Dr. Peset. Comité Clínico de Cuidados Paliativos Hospital Dr. Peset. Comité Clínico de Cuidados Paliativos Hospital Dr. Peset. Valencia.

Encarna Chisbert-Alapont. Enfermera. Servicio de Hematología. Departamento de Salud La Fe. Valencia.

Amparo Antonaya Campos. Directora de atención primaria. Departamento de Salud Dr. Peset Valencia.

José Bonías López. Enfermero. Centro de salud de San Marcelino. Departamento de Salud Dr. Peset. Valencia.

Jorge Casaña Mohedo. Departamento de enfermería, facultad de medicina y ciencias de la salud. Universidad Católica San Vicente Mártir, Valencia.

Clara Hurtado Navarro. Adjunta de docencia. Departamento de Salud Dr. Peset, Valencia. María Luisa de la Rica Escuín. Enfermera.

Grupo de investigación del cuidado en el proceso de final de vida. Instituto para la investigación en Salud de Aragón, Zaragoza 46001, España.

6. **Worden J. William**. "Grief Counseling and Grief Therapy: A Handbook for the Mental Health Practitioner" Springer Publishing Company, (2018).

7. **Protocolo de atención al duelo**, Consejería de la Sanidad, Madrid, España (2019).

8. **Santos Esperanza y Bermejo José Carlos**, "Counselling" y Cuidados Paliativos, Bilbao, España (2015).

Artículos y publicaciones académicas

1. **Bonanno, George A.** "Loss, trauma, and human resilience: Have we underestimated the human capacity to thrive after extremely aversive events?" American Psychologist, 2004.

2. **Stroebe, Margaret, y Henk Schut.** "The dual process model of coping with bereavement: Rationale and description." Death Studies, 1999.

3. **Silverman, Phyllis R., y Dennis Klass.** "Continuing bonds: New understandings of grief." Taylor & Francis, 1996.

4. **Shear, M. Katherine, y Charles F. Reynolds III.** "Complicated grief treatment: An evidence-based approach to bereavement." Journal of rational-emotive & cognitive-behavior therapy, 2011.

5. **SECPAL Guía para familiares en duelo [Internet].** 2006 [acceso 28 de noviembre el 2021].: https://www.bdv.cat/sites/default/files/common/Salut/ guia_per_a_familiars_en_dol.pd

6. **Escuela de Pacientes (Junta de Andalucía/Consejería de Salud) España. (Art. Internet/Consejeria a Familias) 2023**

Recursos de capacitación y organizaciones

1. ***Association for death education and counseling (ADEC):*** <u>***www.adec.org***</u>

ADEC ofrece certificaciones en educación sobre la muerte y el duelo, con programas de capacitación en línea y presenciales. Sus recursos incluyen artículos, conferencias y materiales educativos.

2. ***National Hospice and Palliative Care Organization (NHPCO): www.nhpco.org***

NHPCO proporciona recursos educativos y materiales de capacitación sobre cuidados paliativos y apoyo al duelo, incluyendo guías prácticas y estudios de caso.

3. **Grief Recovery Institute**
<u>www.griefrecoverymethod.com</u>

El instituto ofrece programas de certificación en recuperación del duelo, diseñados para enseñar a los participantes cómo ayudar a otros a completar su duelo y recuperar el bienestar emocional.

4. Dougy Center - The National Grief Center for Children & Families: www.dougy.org

Proporciona recursos específicos para el apoyo al duelo en niños y familias, incluyendo guías prácticas y materiales educativos. El centro es conocido por su enfoque sensible y adaptado a los niños.

Recursos en línea y plataformas de aprendizaje

1. *Coursera: www.coursera.org*

2. *Udemy: www.udemy.com*

3. *edX: www.edx.org*

4. *American Psychological Association (APA): www.apa.org*

Ofrece artículos y recursos en línea sobre el duelo, incluyendo investigaciones actuales y directrices para el manejo del duelo en diferentes contextos clínicos y comunitarios.

J.J. ROSARIO PHD.

Apéndices

Apéndice A: Recursos de capacitación y educación continua

Para aquellos interesados en adquirir o mejorar sus habilidades en el manejo del duelo, hay numerosos recursos de capacitación y educación continua disponibles. A continuación, se presentan algunos recursos recomendados que pueden ser útiles para profesionales, voluntarios y cualquier persona interesada en este campo.

Instituciones y Programas de Capacitación

1. *Association for Death Education and Counseling (ADEC)*: Ofrece certificaciones en educación sobre la muerte y el duelo, incluyendo programas de capacitación en línea y presenciales. Sus cursos abarcan una amplia gama de temas relacionados con el duelo y la tanatología.

2. ***Centro de Atención al Duelo de la Fundación Metta Hospice:*** Este centro ofrece cursos y talleres sobre el manejo del duelo, tanto para profesionales como para voluntarios. Los programas incluyen formación en técnicas de consejería, intervención en crisis y apoyo emocional.

3. ***Grief Recovery Institute:*** Proporciona programas de certificación en recuperación del duelo, diseñados para enseñar a los participantes cómo ayudar a otros a completar su duelo y recuperar el bienestar emocional. Los programas están disponibles en varios formatos, incluyendo cursos en línea y talleres presenciales.

4. ***Online Learning Platforms*** (e.g., Coursera, Udemy, edX): Estas plataformas ofrecen una variedad de cursos sobre duelo y tanatología impartidos por universidades y expertos en el campo. Los cursos incluyen materiales de lectura, conferencias en video y ejercicios prácticos.

Libros y publicaciones

1. "On death and dying" por Elisabeth Kübler-Ross.
2. "The grief recovery handbook" por John W. James y Russell Friedman.
3. "Grief counseling and grief therapy" por J. William Worden.
4. "Living with grief: Coping with public tragedy" por Kenneth J. Doka.

Artículos y recursos en línea

1. American Psychological Association (APA).
2. National Hospice and Palliative Care Organization (NHPCO).
3. Hospice Foundation of America (HFA
4. Dougy Center - The National Grief Center for Children & Families.
5. Neimeyer, Robert A. "Techniques of grief therapy: Creative practices for counseling the bereaved", Routledge, 2012.

Apéndice B: Ejercicios y técnicas prácticas para el manejo del duelo

Este apéndice ofrece una selección de ejercicios y técnicas prácticas que pueden ser utilizados por consejeros, trabajadores sociales, clérigos y voluntarios para apoyar a los dolientes en su proceso de duelo.

Ejercicio 1: Diario de duelo

El diario de duelo es una herramienta poderosa para ayudar a los dolientes a expresar sus sentimientos y reflexionar sobre su experiencia.

- **Instrucciones:** Proporcione a los dolientes un cuaderno o diario y anímelos a escribir regularmente sobre sus sentimientos, pensamientos y recuerdos. Pueden responder a preguntas específicas, como "¿Cómo me siento hoy?" o "¿Qué recuerdos tengo de mí ser querido?"

Ejercicio 2: Carta al ser querido

Escribir una carta a un ser querido fallecido puede ayudar a los dolientes a expresar emociones no resueltas y encontrar cierre.

- **Instrucciones:** Invite a los dolientes a escribir una carta dirigida a su ser querido fallecido. Pueden expresar cualquier sentimiento, pensamiento o mensaje que deseen compartir. No es necesario que envíen la carta, pero escribirla puede proporcionar alivio emocional.

Técnica 1: Técnicas de relajación

Las técnicas de relajación, como la respiración profunda y la meditación guiada, pueden ayudar a los dolientes a manejar el estrés y la ansiedad asociados con el duelo.

- **Instrucciones:** Enseñe a los dolientes, técnicas básicas de respiración profunda. Por ejemplo, inhale profundamente por la nariz contando hasta cuatro, mantenga la respiración por cuatro segundos y exhale lentamente por la boca contando hasta seis. Repita varias veces hasta que se sientan más relajados.

Técnica 2: Visualización guiada

La visualización guiada puede ayudar a los dolientes a encontrar un sentido de paz y consuelo al imaginar lugares o situaciones reconfortantes.

- **Instrucciones:** Guíe a los dolientes a través de una visualización donde imaginen un lugar tranquilo y seguro, como una playa o un bosque. Pídales que se concentren en los detalles sensoriales: los sonidos, los olores, las vistas y las sensaciones físicas. Esta práctica puede ayudar a reducir la ansiedad y promover el bienestar emocional.

Ejercicio 3: Caja de recuerdos

Crear una caja de recuerdos puede ayudar a los dolientes a mantener un vínculo simbólico con su ser querido y proporcionar una forma tangible de procesar su pérdida.

- **Instrucciones:** Anime a los dolientes a crear una caja de recuerdos llenándola con objetos significativos, como fotos, cartas, objetos personales y recuerdos especiales de su ser querido. Pueden revisar la caja cuando deseen recordar y honrar a su ser querido.

Ejercicio 4: Árbol de recuerdos

El árbol de recuerdos es una actividad creativa que permite a los dolientes expresar y compartir sus recuerdos de manera visual.

- **Instrucciones:** Proporcione a los dolientes materiales de arte (papel, lápices de colores, tijeras, pegamento). Pídales que dibujen un árbol grande en una hoja de papel y luego creen hojas o frutas con pequeños papeles donde escriban recuerdos o mensajes para su ser querido. Pueden pegar estos papeles en el árbol, creando un árbol de recuerdos que pueden conservar y revisar.

Estos ejercicios y técnicas prácticas ofrecen herramientas concretas para apoyar a los dolientes en su proceso de duelo, ayudándoles a expresar sus emociones, encontrar consuelo y mantener un vínculo significativo con sus seres queridos fallecidos.

J.J. ROSARIO PHD.

Sobre el autor

Sobre el autor

Juan José Rosario Rosa, puertorriqueño, es un pastor evangélico cuyo ministerio abarca cuatro décadas, durante las cuales el servicio y la educación han sido su norte. Es graduado de la Universidad Interamericana de Puerto Rico con un bachillerato en Pedagogía (Magna Cum Laude). Posteriormente, completó una maestría en Teología de la Universidad Teológica y Consejería Bíblica de Puerto Rico, y culminó sus estudios doctorales, obteniendo un PhD en la misma institución.

Durante este tiempo, tomó cursos en Psicología y Capellanía. "Poder ser un instrumento de bendición a los demás es la mayor satisfacción de mi vida", ha expresado en muchas ocasiones. En su labor pastoral, ha integrado el cuerpo ministerial de su organización y ha escalado posiciones de liderazgo. En su labor docente, ha sido parte del equipo educativo de la Universidad Teológica y Consejería Bíblica durante la última década y continúa desempeñándose como profesor en teología, consejería y capellanía.

El profesor Rosario ha tenido la oportunidad de entrenar para el servicio voluntario a aquellos que sienten el llamado a ayudar al "otro" en necesidad. Entre sus asignaturas más apasionadas se encuentra la tanatología, debido a su íntima relación con sus funciones ministeriales, a través de las cuales ha acompañado a muchas personas en su duelo por la pérdida de seres queridos. Su empatía ha sido clave para la restauración de la paz en los dolientes.

Durante los últimos 24 años, el ministro Rosario ha sido el pastor principal, junto a su esposa Elsie Ramos Soto, de la Iglesia Cristiana Nuevo Nacimiento/DFC, en la ciudad de Trujillo Alto, en Puerto Rico. Su experiencia como ministro y educador es ampliamente conocida en el ámbito evangélico, y ha compartido su conocimiento en conferencias, sermones y estudios.

"Apoyo al Duelo: Enfoques hospitalarios, sociológicos y religiosos", es más que un cúmulo de información "académica"; es la oportunidad de conocer más allá de lo evidente y común. Es experimentar la pena desde la identificación con el doliente, es ver al que sufre como el Señor Jesús lo ve: con compasión, comprendiendo cuán lacerada está el alma, para reconstruirla.

Made in the USA
Columbia, SC
12 September 2024